AF287349

André Wagner

Worstseller

Roman

ISBN 9783848217175

Wie sich mein Leben verändert hat und wie es sich doch nicht verändert hat im Grunde! Seit nunmehr dreiunddreißig Lenzen schleppe ich meinen Adoniskörper über die Erdkruste, ohne unschöne Krankheiten erlitten oder lebenswichtige Gliedmaßen verloren zu haben. Andere in meinem Alter haben bereits unzählige Kriege gewonnen oder verloren, Heerscharen von Kindern gezeugt oder es sogar zum Vize einer Weltreligion gebracht.

Und ich? Was mache ich? Nicht viel! Um nicht zu sagen: nichts. Süßes Nichtstun. Ein Leben im Leerlauf. Bei Vollgas natürlich. „Auf der Stelle treten", könnte man auch sagen, obwohl da für meinen Geschmack schon etwas zu viel Bewegung drin ist. Aber was soll ich auch machen? Wurde nicht schon alles getan und gesagt? Muss man denn überhaupt etwas leisten, um das irdische Glück zu erlangen? Sollte ich alles verschenken, was ich besitze, was nicht viel ist, und mit einem Bettlaken bekleidet, durch die Straßen ziehen und den Weltfrieden predigen? Oder Vegetarier werden, im Einklang mit der Natur leben, mir eine Freundin mit Achselhaaren suchen, mit meinem Morgenurin gurgeln und nur noch barfuß herumlatschen? So „zurück zur Natur"? Da hätte ich heute Morgen schon einen ersten Schritt in diese Richtung getan. Heute stand ich nämlich Punkt sechs mit dem Hahn auf. Natur pur, sollte man meinen. Leider war es der Wasserhahn. Da gehe ich doch lieber mit den Hühnern ins Bett. Einer undichten Dichtung sei Dank hatte besagter Hahn mein Wohnzimmer in den frühen Morgenstunden in den *Canale grande* verwandelt. Während ich selig in meiner Gondel schlief. Bis eben um sechs.

Ich klingelte beim Hausmeister; der fand bereits nach zehn Minuten den Haupthahn, bloß nicht den für meine Wohnung. Weitere fünf Minuten später wurde mein *Canale* bereits *grandissimo*. Als er es um kurz nach halb sieben immer noch nicht schaffte, der Sintflut Herr zu werden, war ich drauf und dran, einen auf Moses zu machen. Jetzt, kurz vor sieben, ist die Welt wieder in Ordnung und mein Perserteppich im Arsch.

Im Café

Ich nippe an meinem *Latte macchiato* in Manolos *Caffè italiano* gegenüber von meiner Wohnung, die mittlerweile keine Nilähnlichkeit mehr aufweist und jetzt eher einem Mangrovensumpf gleicht. Hätte ich einen Hyazinth-Ara, könnte ich Eintritt verlangen. Manolo ist zwar Spanier, macht aber dennoch verdammt guten, starken italienischen Kaffee. Mehr als eine „befleckte Milch" ist bei mir jedoch heute Morgen nicht drin. Die Kaffeepausenzeit ist bereits vorbei, ich bin der einzige Kunde. Jetzt brauche ich doch noch einen Espresso! Und eine Zeitung. Lesen beruhigt mich ungemein. Terrorwarnung in den USA, Hungersnot in Somalia, Überschwemmungen in Thailand (ich kann es euch nachfühlen, Jungs) – das alltägliche Chaos. Das sind Zeilen, die zuschlagen. Jetzt geht es mir schon besser.

Der Kulturteil ist so verschwindend klein, man hätte ihn gerade so gut weglassen können. Der Wirtschafts- und Börsenabschnitt ist furchtbar spannend: Es ist eben schon von äußerster Wichtigkeit und allgemeinem Interesse, wer, wo, wie viel Kohle scheffelt. Gesteigerter Gewinn hier, größerer Umsatz da, immer höhere Dividendenausschüttungen usw. Da möchte einer gleich seinen einverleibten Kaffee auf den polierten Parkettboden ausschütten. Vermischtes (die eigentliche Humorseite sowie auch meine geheime Lieblingsrubrik) ist immer wieder für Überraschungen gut. Was hätten wir denn heute Schönes: Lastwagenfahrer wurde nach Verkehrsunfall auf einsamer Landstraße von seiner Fracht (zwei bengalische Tiger) verspeist. Bon Appetit! Und dann noch dies: Eine Krankenschwester wurde von einem vom Hals abwärts gelähmten Patienten sexuell belästigt. Ob er ihr wohl in den Schritt gespuckt hat? *And the winner is:* Hoher katholischer Würdenträger erliegt Immunschwächekrankheit – an seinem Bischofsstab klebte noch heiliger Stuhl.

Der Tag ist gerettet. Ich kann wieder lachen. Vielleicht sehe ich mich mal nach einem Job bei einer Zeitung um. Solche Kuriosa liegen genau auf meiner Wellenlänge. Zurzeit gehe ich nämlich keiner geregelten Arbeit nach, mal abgesehen vom Schreiben. Schriftsteller und Schriften Nachsteller – das bin ich. Schreiber, gelernter Schreiner, dichtender, nicht ganz dichter Hobbypoet, Vorstadtdandy, Hetero, in geregelter Beziehung mit Susi, meiner rechten Hand (ich habe Olga, die Linke, links liegen lassen). Mit meinem letzten zwischen-menschlichen Verhältnis ist es aber noch nicht lange vorbei. Genau vier Jahre, drei Monate, zwei Wochen und fünf Tage. Da bin ich aber voll drüber weg. Unsere Verbindung war nicht sehr bindend, anfangs freundschaftlicher, dann sexueller Natur. Auf jeden Fall: Aus Sex wurde noch mehr Sex, das war eigentlich ganz o.k., bis kam, was kommen musste. Ich kam. Sie schwanger – ich bald mit Schwager. Das Mädchen sprach von Liebe, die Mutter gar von Ehe, und ich machte mich aus dem Staub. Doch statt dem Braten im Ofen war es dann doch nur ein Schuss in denselben. Es war bloß warme Luft in ihrem Bauch – da wäre ich doch um ein Haar Vater von einem Furz geworden.

Ich bin Single und stehe meinen Mann. Stramm, stolz, Solarium gebräunt und machomäßig wie Manolos Kaffee. Ich sollte vielleicht bei Gelegenheit einen Arzt aufsuchen, um die Reaktionszeit und Wedelfreudigkeit meiner Spermien testen zu lassen. Den erlernten Beruf musste ich aus gesundheitlichen Gründen an den Holznagel hängen (ich hatte mir an der Kreissäge die linke Hand abgeschnitten). Am selben Tag hat mich Olga verlassen. Die Ärzte wollten uns wieder zusammenbringen. Aber Olga wollte nicht. Ich hätte sie gerne ausstopfen lassen, mit nach Hause genommen und in einer Schublade aufbewahrt. Aber das wollten die Ärzte nicht. Die Weißkittel versuchten, mir daraufhin einen schnöden Prothesenersatz, Olga

2, aufzuschwatzen. Und das wollte *ich* nun wiederum nicht. Sei's drum – ich habe das Beste daraus gemacht. War eh nicht mein Traumjob, auch wenn das mit meiner fiesen Hobelspäne-Allergie nicht gewesen wäre. Zu allem Übel verfiel ich gegen Ende meiner hölzernen Karriere auch noch einer furchtbaren Sucht: Dem Sägemehlrauchen. Eine Selbsthilfegruppe ehemaliger Schreiner war meine Rettung. Im Kreise dieser Kollegen (alles einstige Leimschnüffler, Lacklecker und Balsaholz-junkies) fand ich Halt.

Ich begann, all meinen Kummer aufzuschreiben. Als ich keinen mehr hatte, fing ich an, mir mögliche Sorgen ausschweifend einzubilden und ebenfalls zu notieren, bis ich schlussendlich alles, was mir durch den Kopf ging, auf Papier festhielt. Von Hand! Kein einfaches Unterfangen für einen ehemaligen Linkshänder. So bin ich eben dem Schreiben verfallen und habe seither ein halbes Dutzend Kurzgeschichten, drei ganze Bücher und ein Halbes zu Papier gebracht. Veröffentlicht wurde bis jetzt nichts. Zum Leben und Sterben zu wenig.

Mit meiner Invalidenrente komme ich, zwar nicht immer ganz rund, aber über die Runden. Das meiste Geld brauche ich für Papier zum Schreiben und für das bei mir nicht immer so stille Örtchen (seit dem Unfall leide ich an chronischem Durchfall). Ich sage immer: Es hätte schlimmer kommen können, ich hätte zum Beispiel in Indien das Licht der Welt erblicken können, da hieße es dann, mit derselben Hand Curry zu essen und den Hintern abzuwischen. Wie auch immer – wenigstens bekomme ich so keine Hämorrhoiden.

Meine Wohnung ist alt, billig und ohne jeglichen Luxus, abgesehen von meinem von flinker Kinderhand geknüpften Perserteppich, der im Arsch ist, und davon, dass ich heute kurze Zeit einen Swimmingpool im Wohnzimmer mein Eigen nennen durfte. Ich ernähre mich nur von preisgünstigem *convenience food*. Je Konservierungsmittel geschwängerter, desto besser. Das stärkt die Abwehrkräfte und strafft die Haut.

Außer beim Kaffee, da achte ich schon darauf, wo der herkommt. Für mich bitte nur vom Feinsten, denn zu Hause trinke ich immer eine zweite Tasse. Von *Bonga Forest* aus Äthiopien, über *Yauco Selecto* Puerto Rico, zum Blauen Wunder von Jamaika und *Supremo Medellin* aus Kolumbien (für mich das einzig wahre Rauschgift aus diesem Lande) bis hin zum vietnamesischen Wieselscheißekaffee Nguyen Nr. 8. Koffein ist mein Opium; andere Laster habe ich nicht. Um Drogen mache ich einen

Bogen, Alkohol macht hohl, und Rauchen kostet ein Vermögen und das Leben. Auf Brandlöcher und Tabakkrümel bis in die Unterhosen kann ich ebenfalls verzichten. Raucher sind für mich richtige Aschlöcher.

Bei Manolo wird nicht nur Kaffee getrunken, sondern auch gegessen. Bereits treffen die ersten hungrigen Kunden ein, just, als ich mir meinen zweiten doppelten Espresso bestelle. Da wird die Keniabohne vom Instantkaffee getrennt; da bleibt keine Mokkatasse trocken. Ah! Espresso. Der Lamborghini unter den koffeinhaltigen Getränken. Da kommt mir kein Tropfen Milch rein, und Zucker ist eh was für Diabetiker; das Zeug kommt mir nicht in die Tasse.

Wer im *Caffè italiano* auf Pasta und Co. zählt, hat sich verrechnet. Auf dem Menüplan stehen nur spanische Schmankerl. Von *Tapas* über Tellergerichte zum Plattenservice wird die Menge, aber nicht die Qualität gesteigert. Die ist und bleibt topp. Und Manolo weiß das und seine Schickimicki-Kundschaft auch. Banker und Journalisten geben sich die Klinke in die Hand und zwängen sich an die Bistrotische. Ich trinke meine Tasse aus, vergesse, zu bezahlen und mache mich davon. Er wird es mir wohl aufschreiben. Wäre nicht das erste Mal. Und überhaupt ist das in südländischen Gefilden ja gang und gäbe; erinnert ihn also bestimmt an sein geliebtes Vaterland. Da tu ich ihm genau genommen noch einen Gefallen. Diese Spanier sind mir schon ein komisches Völkchen! Wenn man in Spanien zum Beispiel niesen muss, erwidert selbst der Muselmann ein freundliches „Jesus". Ob man sich bei Blähungen den Beelzebub wünscht? Oder ein Himmelarschundzwirn? Eben ein komisches Völkchen, diese Spanier!

Im Internetcafé

Ein paar Häuser weiter gibt es zwei Internetcafés. Eines, ein modernes, klimatisiertes Lokal mit Flachbildschirmen und allem nur erdenklichen computertechnischen Firlefanz, wird von einer schicken Blondine geführt. Eine Augenweide, nicht nur die Dame des Hauses. Leider schmeckt mein Badewasser besser als ihr Kaffee.

Und da wäre Achmeds Schuppen. Achmed ist Marokkaner, und er und sein Lokal sind klein, schwarz und klebrig wie sein Mokka. Auf dieser Welt dürfte es wenige geben, die meinen Kaffeekonsum übertreffen; Achmed ist einer von ihnen. Dem scheint die Tasse förmlich an den Lippen angewachsen zu sein. Wenn er sie doch einmal absetzen und einen angrinsen sollte, nehmen Zahnbelag und -verfärbungen neue Dimensionen an. Sein Rossgebiss ist schwarz wie ein Kamelarsch. Zähneputzen kann der sich sparen; da ist Hopfen, Malz, Brauwasser und Pfandflasche verloren. Und auf solchem Terrain fasst selbst die hartnäckigste Karies nicht Fuß. Falls er seine Beißer wider Erwarten doch putzen sollte, dann bestimmt mit Kaffeesatz.

Ich mag ja eigentlich keine Computer, aber eine E-Mail-Adresse habe ich trotzdem. Aller Technik in meinem Leben zum Trotz bin ich ein Altmodischer geblieben. Dem Fortschritt den Arschtritt! Früher hatte ich mal einen alten, ausrangierten Computer geschenkt bekommen – so mit Bildschirm und allem Drum und Dran. Das Teil war so etwas von langsam; eine Wurstplatte hatte mehr Speicherkapazität. Ich traue seither nicht mal mehr einer mechanischen Schreibmaschine und schreibe alles von Hand, mit Bleistift, auf chlorfrei gebleichtem Papier. Da weiß man, was man hat. Wenn Computer nach dem Prinzip des menschlichen Gehirns gebaut wurden, haben die dann auch Migräne und so? *Ctrl, Alt* und *Delete* zu drücken, ist jedenfalls eine Zumutung. Reinste Behindertenverarschung!

Fünfundzwanzig neue Nachrichten in der *inbox*. Es ist schon etwas Wunderbares, so viele Freunde zu haben, die immer an dich denken und dir ab und zu schreiben. Schauen wir mal, was die so zu berichten haben! Ah, Susi! Sie bietet wieder einmal Nacktbilder feil. Ja so ein Luder! Auch die gute Betsy lässt wieder von sich hören, oder besser: sehen. Unter „*www.insidebetsy.com*" kann man sich Innenaufnahmen von ihr anschauen. So eine aufreizende Scheidenwand samt Gebärmutterkanal hat man schließlich nicht alle

Tage auf dem Schirm. Horst bietet seinen Hintern feil, und Ingrid schluckt alles und kann den Mund trotzdem nie voll genug kriegen. Da sage ich nur: „Liebe geht durch den Magen!"

Und dann noch die übliche Werbung: Schweizer Luxusuhren aus China, potenzsteigernde Pillen im Sonderangebot etc. Ich liebe die Werbeslogans der Letzteren: „Haben Sie nicht mal mit voller Morgenblase einen Ständer? Shoppen Sie jetzt, und poppen Sie später! Greifen Sie zu, damit Sie anschließend so richtig zugreifen können!"

Unter all den netten Nachrichten hat sich doch tatsächlich ein obszönes Schreiben von einem gewissen Herrn Jochen Sägeblatt eingeschlichen. Der Name sagt mir was. Nur schon die Anrede „Sehr geehrter Herr" lässt Schlimmstes erwarten. Da lädt mich der Typ doch glatt zu einem Gespräch ein und zwar heute und genau jetzt. Es gehe um ein Buch. Mein Buch!

In der Straßenbahn

Fünf Minuten später stehe ich in der randvollen Straßenbahn und greife einem gut aussehenden blonden Ding mit meiner linken Hand an den Hintern. Phantomschmerz ist ja schön und recht, Phantomgrapschen hingegen ist der Hammer. Da wird nicht nur oberflächlich betatscht, da ist man mittendrin. Und Probleme bekommt man auch keine.

Die Blonde geht, und eine alte Dame kommt. Niemand bietet ihr einen Sitzplatz an. Da sie eh schon beinahe steif ist, scheint ihr das Stehen nicht schwer zu fallen. Sie gleicht meiner Großmutter auf frappierende Art und Weise (nachdem diese bereits seit fünf Jahren tot war und aus Platzmangel auf dem Friedhof exhumiert werden musste). Drei Stationen später stehe ich vor dem Verlagsgebäude.

Im Verlagsgebäude

Der Verlag ist in einem mehrstöckigen Bürokomplex mit verspiegelter Fassade aus den sechziger Jahren untergebracht. Ein wegweisendes Prunkstück architektonischer Baukunst. Damals. Heute fällt das morsche Teil beinahe aus den Armierungen.

Die Sekretärin von Herrn Sägeblatt empfängt mich und entschuldigt sich, der Chef sei verspätet, ich müsse noch etwas im Wartezimmer warten (was man halt so macht in Wartezimmern), ob ich in der Zwischenzeit einen Kaffee möchte, und sie heiße Rosi. *Make my day, Rosi!* Da warte ich also im Wartezimmer, welches tatsächlich auch ein Wartezimmer ist, so mit Haus- und Gartenzeitschriften, Mutter & Kind-Heften und so einem Zeug.

Vom Raum nebenan tönt das heimelige Glucksen der Filterkaffeemaschine zu mir rüber. Mit dem Aufschwingen der Türe erreicht ein herb süßlicher Duft meine lüsternen Nüstern. Kenia, etwas Kolumbien, gehobene Mittelklasse und gleich eine ganze Kanne davon. Zwanzig Minuten später, gerade als ich Rosi nach einer zweiten Kanne fragen will, geht die Tür des

Wartezimmers auf, und ein kleines, feistes Männlein hüpft spitzbübisch lächelnd herein. Rosis Chef ist also ein Zwerg. Was die hier wohl verlegen, Märchenbücher?

Herr Sägeblatt bittet mich in sein Büro und bietet mir Kaffee an; ich mag ihn vom ersten Moment an. Mag *er* wohl mein Buch? Darf ich wiederkommen und ihm meine anderen 2 ½ Bücher auch zeigen? Bekomme ich dann auch wieder Kaffee?

„Ihr Stück gefällt mir!" *Ich hätte nicht die engen Jeans anziehen sollen oder meint er mein Buch?* „Es hat was Anziehendes an sich." *Er schielt mir auffällig Richtung Hosenschlitz.* „Es erregt ..." *Diese Typen sind heutzutage einfach überall!* „... das Gemüt." *Aha!* „Einfach, prägnant und süffig. *Aha?* „So was lässt sich verkaufen" *Einfach – soll das ein Kompliment sein? Und prägnant tönt mehr nach einer geschwängerten Engländerin als nach Lob. Süffig wird es auch nur, wenn mit der Erstausgabe eine Flasche Kognak geliefert wird.* „Ihr Buch ..." *Also doch mein Buch!* „Ich mag es." *Er mag es!* „Ich will es haben." *Ich werde es ihm geben!* „Da wären nur noch ein paar Details ..." *Der redet ja wie eine Waschmaschine!* „Unser Verlag setzt auf Newcomer. Junge Talente. Manche mit großem Talent. Mit Stil. Ich mag Ihren Stil." *Das*

Einzige, was der verlegen will, ist sein Rohr! „Junge, unbekannte Schriftsteller bedürfen einer Einführung ...“ *Worauf du deinen Hintern verwetten kannst!* „...in den Markt. Ich sehe mich nicht nur als Verleger, sondern, hhmmmm ..., “(*Hhmmm.*) „auch als so etwas wie eine Vaterfigur, verstehen Sie, was ich meine?“ *Vollends – Inzest also auch noch! So beug dich mal schön vornüber, Sohnemann. Wenn die Kohle stimmt, bin ich dabei.* „Ich denke ...“ *Er denkt!* „dass man an Ihrem Werk zwei, drei Sachen ändern müsste, und dann hätten wir da schon was.“

Sein erster zusammenhängender Satz, und er trifft mich wie der Schlag. Ändern? An meinem Buch? Nr. 2 hat alles, was es braucht! Und mehr! Und überhaupt. Woran er denn genau gedacht habe? „Ja also ..., ich meine, das heißt, wir meinen, würde sagen, also: Machen Sie einfach aus dem an akuter Laktoseallergie verblichenen Milchmann eine von einem Freier zu Tode geschändete Nutte, und ersetzen Sie die Hälfte aller „küssen“ durch „ficken“, und dann hätten wir's. So in etwa. Ein bisschen mehr hiervon und etwas weniger davon!“ *Ja, küss dich doch ins Knie!*

Dieser Mann spricht in Rätseln; ich habe keine Ahnung, wovon er redet. Und wo bleibt da mein Stil bitteschön? Bei meiner Künstlerehre zeige ich ihm mit der Linken den gestreckten Mittelfinger. Dreißig Minuten später unterschreibe ich einen Vertrag mit viel Kleingedrucktem.

Eine Stunde später sitze ich in meiner modrigen, guten Stube und ändere zwei, drei Nebensächlichkeiten ab. Einen Tag später hält das kleine dicke Männlein eine geklonte, nicht aus biologischem Anbau stammende Version von Nr. 2 in seinen Wurstfingern, und ich bekomme einen kleinen, dicken Scheck. So schnell kann es gehen!

Zu Hause

Es waren ja nur ein paar belanglose Sachen, die ich da nachträglich reingebastelt habe. Mein Stolz steckt das weg, und Geld heilt alle Wunden. So ein kleines, dickes Trostpflaster obendrauf wirkt wahre Wunder. Oder habe ich meine Seele einem kleinen, dicken Teufel verkauft? Hätte ich den tollen Vertrag doch durchlesen sollen? Sollte ich mir mal meine Kopie etwas genauer ansehen?

Der Unterzeichnende bla, bla, bla, Eigentum des Verlages bla, bla, bla, weder Garantieübernahme noch Entschädigung bla, bla, bla, Veröffentlichung als E-book (so ganz ohne Papier?) bla, bla, bla, keine weiteren Ansprüche bla, bla, bla. Und dann noch bla, bla, bla.

Hätte schlimmer sein können. Mit anderen Worten: Ich habe mein Herzeigenstes für ein paar lausige Kröten erst kastriert und dann an eine geldgierige Firma verhökert, welche es entweder in einer Schublade vermodern lässt oder ins Internet stellt, so ganz ohne Papier.

Dennoch, *ich* habe ein ruhiges Gewissen; i*ch* fühle mich nicht prostituiert. Etwas nuttig vielleicht, aber nicht prostituiert. Mit der Kohle kaufe ich mir als Erstes einen neuen Perser.

Im Café

Ich beschließe, meinen Frust in Kaffee zu ertränken und an Nr. 4 weiterzuarbeiten und Nr. 2 endgültig abzuschreiben. Erst mal lasse ich mich bei Manolo mit Milchkaffee volllaufen und steige dann auf die harten Sachen um. „Haschte scho wieder nickt bezahlet letschte Mal." Welch herzlicher Empfang! Ja, ich mag dich auch. Ich begleiche meine sämtlichen Schulden, Manolo freut sich, und der Kaffee fließt in Strömen.

An meinem gewohnten Platz, einem Stehtisch mit Barhocker, blättere ich in den gewohnten Zeitungen und lese die gewohnten Neuigkeiten von gewöhnlichen und gewöhnungsbedürftigen Menschen wie die da zum Beispiel: Eine junge Frau aus den verunreinigten Staaten will die erste Frau auf dem Mond werden. Die Erste hinter dem Mond ist sie jetzt bestimmt nicht.

Die Sportseite gleicht heute irgendwie dem Wissenschaftsteil, da fast ausnahmslos von neuen synthetischen Aufputschmitteln und Doping die Rede ist. Radsport, Leichtathletik, Gewichtheben – ein Skandal jagt den anderen. Alle machen es, und keiner will es gewesen sein. Hauptsache, man kommt als Erster ans Ziel, auf der Strecke bleibt ja nur die Gesundheit. Statt hart zu trainieren, tränen die Nieren. Ein Schluck aus dem Arzneischrank ersetzt das schweißtreibende Gehantel. Statt mühsam seine Runden lieber flugs einen Joint drehen. Wer trainiert denn heutzutage schon noch auf einen Wettkampf hin? Man bereitet sich ja auch nicht mit Onanieren aufs Ficken vor, oder? Die sollten sich doch alle mal mit einer ordentlichen Portion Koffein einheizen; das bringt den Puls auf hundertachtzig und zwar *avanti*.

Und als ob das nicht schon genug wäre, folgen ein paar Fußballskandale, illegale Wetten, Hooligantum etc. Ich habe nie verstanden, was so furchtbar toll daran sein soll, 22 leicht bekleideten, verschwitzten Laiendarstellern, die aussehen wie schwule Popstars, dabei zuzuschauen, wie sie einem Stück Leder nachjagen. Wenn die sich nach einem Tor schon auf dem Spielfeld fast abknutschen, will ich gar nicht erst wissen, was in den Umkleidekabinen so abgeht. Ich persönlich bin ja der Meinung, dass es beim Fußball viel zu harmlos zu- und hergeht. Auf dem Spielfeld jedenfalls. Da gibt's beim kleinsten Rempler ja bereits eine bunte Karte. Man vergleiche das mal mit Eishockey; da können sich die Spieler vor den Augen des Schiedsrichters noch munter auf die Fresse hauen. Und das Publikum kommt erst noch in den Genuss einer kleinen Boxkampfeinlage. Ein bisschen mehr Blut auf dem Platz baut außerdem bei den Zuschauern Aggressionen ab und beugt Krawallmacherei vor (als ob „Brot und Spiele" etwas Neues wäre). Man braucht sich nur mal die lammfrommen Eishockeyfans anzuschauen; da ist die Gewalt noch, wo sie hingehört: auf dem Spielfeld. Fußball hat ja eigentlich einen äußerst blutigen Ursprung. Als die guten, alten Inkas das Ledertreten erfanden, da ging es noch so richtig zur Sache; da rollten die Köpfe. Damals wurden die Sieger noch geopfert – heute bekommen sie einen Werbevertrag für Nassrasierer. Und das Publikum ist natürlich lamafromm, wie es nicht anders sein könnte. Sich aufzuregen, schadet in diesem Andenklima eh nur dem Blutdruck. Und dennoch, die ganze Welt leidet an dieser schrecklichen Krankheit, genannt Fußballfieber.

Als ob es nicht genug andere Ausweichsportarten gäbe. Und erst noch solche mit gewaltigen Fanmankos. Wasserball zum Beispiel, das interessiert keine Sau. Ich frage mich warum, ist doch jetzt wirkliche eine interessante Sportart, so eine Mischung aus Synchronschwimmen und Rugby. Oder Polo – das ist elitärer Gruppenminigolf hoch zu Ross. In derselben Ecke anzutreffen Kricket, was entfernt an Baseball und Schwangerschaftsturnen erinnert. Last, but not least: Landhockey. Der einzige Mannschaftssport (oder besser Frauschafts- sport), wo die Weiber noch durchs Band kurze Röcke tragen und mit einem zu kurzen Wurzelstock auf einen kleinen Ball eindreschen.

Ich gelange diskret zu meinem meist indiskreten Lieblingsteil: den vermischten Meldungen. Was haben wir denn heute Schönes? Mord und Totschlag – sehr gut! Naturkatastrophen, *now you're talking*, massig Massenkarambolagen und Unfälle, kommen immer gut. Und Terrorismus natürlich. Der darf nicht fehlen! Terror hier, Terror da. Der reinste Horror dieser Terror!

Schon wieder ist ein Trainingscamp irgendwo mitten in der Wüste ausgemacht worden; erst via Satellitenbild, dann per Rakete. Einfach ausgeknipst! Ausgemacht und ausgelacht, hat es sich für die Terroristenazubis. Würden nach dem Märtyrertod nicht massenhaft Jungfrauen im Jenseits auf die warten, ihr Leben wäre ganz schön scheiße. Andererseits kann ich mir gut vorstellen, dass so mancher im siebten Himmel bald einmal genug von dem flachbrüstigen, beineverschränkten, kichernden jungen Gemüse hat und sich nach einer eingerittenen Haremsdame oder seinem Lieblingskamel sehnt.

Terrorrist zu sein, geht bestimmt ganz schön an die Substanz, auch ohne sich gleich in die Luft zu sprengen. Und das alles im Namen Allahs. Armer Allah! Gott zu sein, war sicher auch schon mal einfacher als heutzutage. Dennoch, eine Religion die Füße waschen und fünfmal täglich Turnübungen vorschreibt, kann doch einfach nicht schlecht sein.

Und gleich noch eine weitere heitere Meldung: Top-Politiker ist drogensüchtig. Ja und? Welcher gute, ehrliche Politiker nimmt denn heutzutage bitte keine Drogen? Da werden wir vorher fertig. Ach es gibt gar keine guten, ehrlichen Politiker? Einen wird es jetzt wohl bestimmt geben. Irgendwo.

Weiter im Text: Ein Mann (wieder aus den gesteinigten Staaten, genauer aus Kentucky) ist beim Versuch, sich selbst zu frittieren und danach aufzuessen, gestorben. Was ist das jetzt? Selbstmord? Kannibalismus? Oder einfach nur eine radikale Art, Gewicht zu verlieren? Da erscheint der „Iss-dich-schlank-Slogan" in einem ganz anderen Licht. *Weight watchers* dieser Welt verschlingt euch! Aber bitte nur zartes Muskelfleisch ohne Fettränder!

In Polen hat ein Bauer einen Traktor geheiratet, dummerweise den des Nachbarn, worauf der eigentümliche Eigentümer den dreisten Casanova, dreimal dürfen Sie raten, mit dem Trecker überfahren hat. Bestimmt nicht der Erste, der von seiner eigenen Frau platt gemacht wurde.

Und dann noch das: Vorsitzender der nationaldemokratischen Volkspartei beim Fischen ums Leben gekommen. Petri Heil! Da hätten wir doch schon unseren guten Politiker! Ob er jetzt auch noch ehrlich war, lässt sich nur vermuten (denn ehrlich währt bekanntlich am längsten, aber eben auch nicht ewig). Laut Augenzeugenberichten vom gegenüberliegenden Ufer sei er von seinem Fang ins Wasser gezerrt worden und anschließend ertrunken. Vom Täterfisch, vermutlich aus linken Kreisen schwimmend, keine Spur.

Tierisch geht's gleich weiter: In einem chinesischen Zoo wurde ein Tierpfleger ertappt, wie er sich an einem betäubten Pandaweibchen verging. Nach eigener Aussage wollte er es „vom Aussterben bewahren". Und wo wir schon im wilden Osten sind, in Japan gibt es eine neue Gameshow, bei der man seinem Erzfeind eins auswischen kann, ihm zum Beispiel einen lebendigen Fisch in den grünen Tee stecken oder ihm in die Nudelsuppe spucken kann.

Ich bezahle, schon wieder, und verlasse Manolos' vor dem *rush*, um den Rest des Tages damit zu verbringen, durch die Nachbarschaft zu schlendern.

Schräg gegenüber von Manolos' gibt es eine jüdische Metzgerei, da kann man sich eine koschere Wurst kaufen. Der Metzger heißt zwar Ariel, hat aber immer eine blutbefleckte Schürze umgebunden, scheint irgendwie sein Markenzeichen zu sein. Ariel bezieht seine koschere Ware von koscheren Bio-Bauern mit einem Umweg über den koscheren Schlachthof. Er schlachtet aber auch gerne selbst, so hobbymäßig und illegal. Und zwar in seinem überdachten Hinterhof; dort lässt er dann die Viecher, ausschließlich Schafe, auch ausbluten. Der schachtet mächtig gern! Die sollen fast gar nichts spüren, meint er. Ein kleiner Schnitt, schon sind sie ganz belämmert, und noch bevor sie merken, dass sie allmählich kalte Hufe bekommen, äsen sie auch schon auf den koscheren Weidegründen. Bei den Anwohnern tropft morgens der Filterkaffee und bei Ariel die Halsschlagader. Da liegt dann schon ganz früh so ein süßlicher Duft in der Luft.

Eben verlässt einer seiner Stammkunden den Laden: Georg Brummel, ein 1m95/130kg Ex-Skin, der aus Prinzip nur noch bei Ariel Fleisch einkauft. Als Wiedergutmachung meint er. Das ganze Viertel kennt Georg, er ist ja fast nicht zu übersehen. Früher hat er Ausländer gekloppt, ihnen so richtig in die Fresse gehauen, jetzt tätschelt er ihnen auf die Schulter oder drückt sie freundschaftlich, ganz ohne zu würgen.

Sein Leben hat sich völlig geändert, als er zwei Dinge erfahren hatte: 1., dass die Ur-Skin-Bewegung eigentlich links und rassenfreundlich orientiert war, und 2., dass seine verstorbene Mutter eine aus Polen stammende Jüdin war. Jetzt haut er nur noch jeden, der ihm quer kommt, außer eben, es sei ein Ausländer. Da gibt es eine Umarmung. Die Glatze ist geblieben, man wird eben nicht jünger, und die Springerstiefel seien ihm ans Herz gewachsen und einfach zu bequem.

Im Park

Ich spaziere zum Park rüber und fröne meinem großen Hobby: dem Fast-Nichtstun. Wie das zum Beispiel Parkbanksitzen wäre. Oder Parkbanksitzen und Leute beobachten. Und die Enten auf dem See. Ich mag Enten. Ich frage mich, was die so den ganzen Winter über treiben. Wenn ich einmal als Tier wiedergeboren werden sollte, dann bitte als Ente. Entenpaare bleiben einander zudem ein Leben lang treu und vögeln aus Prinzip nicht in der Gegend rum. Ja, Enten sind einfach die besseren Menschen.

Nicht, dass ich ein Misanthrop wäre, ich mag Menschen. So sehr sogar, dass ich über sie schreibe. In meinen Geschichten kommen selten Tiere, aber immer fabelhafte Menschen vor. Menschen sind zwar genau genommen ja auch bloß Tiere; in jedem von uns steckt eines. Man sollte es nicht meinen, aber animalische Triebe bestimmen einen Großteil unseres Lebens. Mal ehrlich, wer hat noch nie Lust verspürt, bei einer scharfen Tussi auf offener Straße am Hintern zu riechen, hä? Oder mitten in der Stadt erleichternde Duftmarken zu setzen und sich stolz nach den besonders Frischen umsehen?

Meine Geschichten sind reine Fantasiewelten, Konstruktionen eines halbwegs gesunden Menschenverstandes; geordnet und korrekt. Das reale Leben hingegen ist ein Zoo. Gelebtes, alltägliches Chaos. Ein Wirrwarr aus Energien, Synapsen, Schnittstellen, Eileitern, Straßenschildern und Blumenkisten.

Der einzige Grund, weshalb Bücher überhaupt existieren, ist, meiner Meinung nach, der Wunsch des Menschen nach geordneten, überschaubaren Welten. Diese werden entweder mit schönen, schmetterlingshaften Worten, die einem das Herz leichter machen, ausgeschmückt oder mit abgrundtief Hässlichem verunstaltet.

Ist z. B. „Benzinkanister" nicht ein wunderschönes Wort? Und tönt „Scheinwerfer" nicht himmlisch? Und Regenbogen? Oder Brummbär? Ganz zu schweigen von Wegweiser, Hustensaft, kreidebleich, Puderdose und Streichholz. Zwetschgenkuchen klingt so, wie es schmeckt. Aber wer denkt bei „Geschwulst" an etwas Nettes? *Jack the Ripper*? „Gesundheit" ist ja schön und recht, tönt aber furchtbar. Genauso wie Liebe, Kruste, Grind, Brustwarze, Schwangerschaft, Brille oder Arztrezept.

Was schön ist, muss nicht zwingend schön tönen und umgekehrt. Ich mag Kinder. „Kind" hingegen klingt echt übel. Es gibt so viele

Worte, die bei mir Brechreiz auslösen, „Brechreiz" selbst tönt wunderbar. Keiner mag krank zu sein, aber mal ehrlich: Tönt „Herzschrittmacher" nicht super? Was für ein Wort! Lange, zusammengesetzte Namen mag ich besonders: Giraffenhalsmandeln, Hubschrauberrotoren oder Kugelschreibermine. Nein, unter Hippopotamomonstrosesquipedaliophobie zu leiden scheine ich nun wirklich nicht.

Das will jetzt aber nicht heißen, dass es nicht auch schöne kurze Worte gibt, wie: Dreck, Spatz, flugs und toll. Wieso gefällt mir „Bus", während ich bei „Kuss" an einen Bluterguss denken muss? Erguss – noch so ein wüstes Wort.

Ich mag Worte. Und besonders auch Wortspiele. Und ganz besonders Redewendungen. Letztere sind universell, variieren jedoch von Land zu Land erstaunlicherweise meist. Der sprichwörtliche „Elefant im Porzellanladen" wird im englischsprachigen Raum zum „Stier im Chinaladen" beziehungsweise in spanischen Gefilden zum „Pferd im Töpferladen". Das geht ja eigentlich alles gerade noch. Ich könnte mir da weit delikatere Vergleiche einfallen lassen: „Mit den Bahnhofsalkis auf Brauhaustour gehen" oder „Gruppentherapie pädophiler Straftäter im Waisenhaus".

So verbringe ich den Rest des Tages geistig onanierend, mental masturbierend, mich platonischer Selbstbefriedigung hingebend, Gedanken herunterholend, metaphysisch wichsend eben. Eine Hirnmassage. *A brain job.* Ich genieße die verbleibenden Stunden dieses schönen Sommertages, bis die letzten warmen Sonnenstrahlen meine Haarspitzen umspielen und mir der etwas kühlere Abendwind Sand vom nahen Kinderspielplatz in die Augen trägt.

Heute Nacht werde ich definitiv an Nr. 4 weiterarbeiten! Darin stelle ich den Leser kaltschnäuzig vor den nackten Sinn des Lebens. Warum sind wir hier? Warum sind wir nicht dort? Ich halte da aber keine Moralpredigten, von wegen, wie das Leben zu leben sei und so. Jeder heutzutage weiß ja wohl jeder zur Genüge, dass wir mit einem sehenden Herzen und einer transzendentalen Seele geboren werden und wir deren göttlichen Behälter, unseren Körper, durch intensive Selbstbeobachtung ehren, seiner würdig werden sollen, um uns durch ihn der Schönheit und Gleichheit aller Dinge, um uns und in uns, bewusst zu werden und uns durch dieses übergreifende Verständnis der Natur, unserer Natur, mit dem Ganzen zu vereinen.

Nein, da ist gewiss nicht von solchen Banalitäten die Rede. Ich stelle essentielle Fragen, die der Menschheit wie fieser Fußpilz unter den Nägeln brennen: Wie formen sich die Flausenbällchen in der Arschspalte, warum sind Post-it-Zettel gelb, und wieso sieht ein durchgesteckter Ellbogen wie ein Hühnerarsch aus? Ich gehe da voll aufs Halbe und mache aus Prinzip keine ganzen Sachen. Das Buch zielt mitten ins Privatleben von jedem, und jeder, setzt dort an, wo es wehtut, und hört gerade noch rechtzeitig auf, bevor es spannend wird.

Da wird alles gelüftet, von den Rätseln des Alltags bis hin zu den schmutzigen Unterhosen der Gesellschaft. Und so nebenbei entblöße ich auch noch mein Innerstes, mache einen Seelenstriptease sondergleichen. Somit kann ich es mir prima erlauben, auch meinen lieben Mitmenschen an die Wäsche zu gehen. Frei nach dem Motto: Wer über sich selbst lacht, darf sich auch über andere lustig machen! Und um die Grenzen des guten Humorgeschmacks braucht man sich auch nicht zu scheren: Mit heruntergelassenen Hosen *kann* man gar keine Witze unterhalb der Gürtellinie machen.

Ein ganzes Kapitel widme ich den klassischen Randgruppen wie Arbeitslosen, Andersgläubigen, körperlich und geistig Behinderten, Homosexuellen, Fettleibigen und unseren lieben Mitmenschen, die unter der Armutsgrenze leben. Freaks eben! Ein zweites Kapitel steht im Zeichen der *neuen*

Minderheiten, wie Menschen, die Bücher lesen, sowie eventuell noch Neonazis und Heteros. Heutzutage muss man sich glatt die Frage stellen, ob der Begriff „Randgruppe" überhaupt noch zutrifft. Schwarz ist diesen Winter in Mode, und Türken hat es in meinem Viertel doppelt so viele wie Jugos.

Nicht, dass ich ein Rassist wäre, gar nicht; ich finde jeder sollte einen Neger zu Hause haben, man weiß ja nie ... Und sind Schwule noch eine Ausnahme oder eher schon die Regel? Gehört es heute nicht schon fast zum guten Ton, *gay* zu sein? Und, wenn nicht selbst, so muss, man wenigstens ein Dutzend Arschbohrer zum engsten Freundeskreis zählen können (dieser kann gar nicht eng genug sein). So schaut's aus! Homosexuelle Lebensgemeinschaften und männliche Genitalien sind in aller Munde. Ein richtiges Erfolgsmodell, die Schwulenehe, mit enorm tiefer Scheidenrate, will sagen Scheidungsrate. Und das, obwohl die Beziehung bereits vom ersten Augenblick an im Arsch ist. Und wenn schon nicht Homo, dann wenigstens metrosexuell. Der Übergang ist übrigens fließend; im Supermarktregal sind die Töpfchen mit der Herrengesichtscrème nur ein Griff weit von den Gleitmitteltuben entfernt. Da sieht man mal, wie groß die Verwirrung der Gesellengesellschaft ist. Ich frage mich, wie lange es noch dauert, bis all die Wohlfühl-

Männermagazine (die ohne Brüste drin) neben den klassischen Ratgebern und Psychotests (Was bist du für ein Farbentyp? Wie selbstbewusst bist du?) auch noch Schwul-o-meter drucken. Da kann dann der Leser kurzerhand seinen Gayfaktor bestimmen, frei nach dem Motto: Du weißt, du bist schwul, wenn: 1. du dir als Haustier keine Perserkatze namens Muschi hältst, sondern einen Rehpinscher, der Lümmel heißt, 2. du beim Sport statt vor dem Duschen Seitenstechen, nach dem Duschen Schließmuskelkater hast, 3. du dir dein Beinhaar rasierst, obwohl du gar kein Profiradfahrer bist, ja nicht mal ein Fahrrad besitzt, 4. du zwar ein Fahrrad hast, jedoch ohne Sattel, 5. dich in jungen Jahren beim heimlichen Spielen mit den Barbiepuppen deiner Schwester Barbies heiße Unterwäsche kalt gelassen hat und du deine Zeit lieber damit verbracht hast, ausgiebig den Ken einzucremen, 6. du bei *Deep throat* als Erstes an Nixon denkst und trotzdem einen Ständer bekommst, 7. du in einem Harem voll mit geilen Tussis den einzigen Eunuchen anbaggerst, 8. du keine Gurken, Bananen und anderes phallusförmiges Gewächs mehr kaufst, aus Angst, du könntest der Versuchung nicht widerstehen, dir das Zeug in den Hintern zu schieben, 9. du zum Karneval als Monatsbinde oder Schneewittchen verkleidet hingehst und 10. wenn du diesen Homotest gleich noch mal durchspielst, weil du mit der erreichten

Punktzahl nicht zufrieden bist. Man könnte schon beinahe von einer Verschwulisierung der männlichen Gesellschaft sprechen. Ob das wohl auch ein Nebeneffekt der globalen Klimaerwärmung ist? Mehr Treibhausgase sondern die garantiert ab bei all den Sauereien, die sie treiben. Ihre traurige CO_2-Bilanz können sie erst dann aufbessern, wenn Reibungsenergie- und Methanrückgewinnung auch beim Analverkehr ihre Anwendung findet.

Angesichts der aktuell tiefen Geburtenrate im Westen gehört das Ganze eigentlich verboten. Hingegen könnten die Länder, welche bislang eher restriktiv mit dem Thema „Homosexualität" umgegangen sind (Zwangskastration, öffentliche Zurschau-stellung, Todesstrafe o. Ä.), von einer legereren Handhabung der Angelegenheit im Grunde nur profitieren. Ich denke da speziell an Staaten mit geringem Frauenanteil innerhalb der Bevölkerung, wie zum Beispiel einige Länder aus dem arabischen Raum und ganz besonders auch China. Dort grinsen sie zwar aus Prinzip, aber Homos haben nicht viel zu lachen. Und wer im Zwei-Strom-Land vom anderen Ufer kommt, fristet selbst mitten in der Wüste ein Schattendasein. Das kommt eben davon, wenn man Vielweiberei betreibt und dem Haremskult frönt; da muss man sich eben nicht wundern, wenn das Weibsvolk auf einmal zur Mangelware wird. Die Ein-Kind-Ehe und das allgemein schlechte Image weiblicher Nachkommen im Land der Mitte haben auch das Ihrige dazu beigetragen. Nach neuesten Schätzungen dürften in ein paar Jahren etwa 30 Millionen Männer keinen weiblichen Partner finden. Da ist Schwulsein doch eine echte Alternative! Das würde die Selbstmordrate drastisch senken und das Bruttoinlandsprodukt enorm ankurbeln. Man stelle sich bloß das Heer alleinstehender Wanderarbeiter vor, wie es sich untereinander Trost und Liebe spendet. Ein jeder glücklich und befriedigt. Wenn die alle in einer Reihe eine Nummer schieben würden, der Eintrag im Guinness Buch wäre ihnen gewiss. Und vom Mond sehen könnte man das Spektakel auch noch.

Also bei allem gebührenden Disrespekt: Man sollte doch ab und zu auch etwas Gutes über das lauwarme Geschlecht verlieren. Bei dieser Gelegenheit möchte ich gleich mal meinem Missmut über alle diese unschönen Schimpfnamen, die sich in unserem täglichen Sprachgebrauch richtiggehend eingenistet haben, Ausdruck verschaffen. Du schwule Sau zum Beispiel – das ist ja jetzt wohl von der ganz derben Sorte. Unterste Schublade! Das könnte man jetzt doch wirklich netter sagen, zum Beispiel „du Homoferkel". Oder: „Scheidenmeider. Spermienverarscher. Dickdarmterrorist.

Hämorrhoidenschänder, Stuhlstecher, Körperhöhlenforscher (oder *Analspeläologe,* wie die alten Lateiner zu sagen pflegten, oder waren das die Griechen?), Rosettenpilot, Gleitmittelpupser, Hodenkrauler, Anusknacker, Analamateur, Darmflorabestäuber, Kaviarkavalier, Darmtrakttraktierer, Kotkoster, Podexpenetrierer, Gesäßdelinquent, Exkrementdozent, Hobbygastroenterologe, Rückendecker, Afterpeiniger, Schließmuskelscheusal, Sitzfleischmarinierer, Hecklecker, Kolonkommer, Zottenglätter, Fäkalienfreak, Mastdarmmatrose, Eingeweideausbeuter! Analakrobat!! Rektalrowdy!!!

Welche Minderheit fehlt uns noch? Die lieben Behinderten natürlich. Oder Invaliden, was auf gut Deutsch so wenig wie unwürdig, wertlos und minderwertig bedeutet. Über diese gut integrierte Randgruppe braucht man ja eigentlich nichts mehr zu verlieren. Eine Welt ohne Behindertenwerkstätten und reservierte Sitzabteile in den öffentlichen Verkehrsmitteln (damit die immer schön unter sich sind) ist doch jetzt wahrlich undenkbar. Behinderte gibt es wirklich überall, und genau genommen ist ja jeder auf die eine oder andere Art behindert. Früher wurden sie vergast oder eingesperrt, heute lässt man sie frei rumtollen und rollen (wenn sie es denn über den zwanzig Zentimeter Bordstein schaffen).

Und dann wären da noch die Frauen. Obwohl in der Überzahl, dennoch Randgruppe und zwar *par excellence* (wenn eine auch noch gut ausschaut, wäre das eine Randpuppe). Randgruppen bieten sich in idealster Weise als Hohnzielscheibe an, denn Randgruppen machen Spaß. Man denke da nur einmal an all die köstlichen Randgruppenwitze. Über einen guten Blondinenwitz (wenn es diesen denn gibt) kichert sogar die blondeste aller Blondinen, selbst wenn sie die Pointe nicht kapiert hat.

Auch über Ausländer darf nach Herzenslust gewitzelt werden. Dies erst recht, da die meisten weder der Landessprache mächtig noch mit den lokalen Humorpraktiken vertraut sind. Und wer lacht schon nicht gerne über Krüppel? Diese rollenden Spottmagnete; die haben es nicht nur verdient, nein, die mögen das sogar! Ich spreche da aus erster *Hand*. Die allerbesten Witze reißt man notabene über geistig behinderte, fettleibige, aus Schwarzafrika stammende, arbeitslose, jüdische Lesben.

Ja, die lieben Frauen (Frau, noch so ein Unwort; Mädchen dagegen tönt nett). Mann kann es mit ihnen, und Mann kann es ohne sie. Nein, ich meine damit keine unappetitlichen, gleichgeschlechtlichen Sexualakte, die nur den Zorn der katholischen Kirche herbeirufen. Ich meine Onanieren (dagegen hat Gott jetzt wohl bestimmt nichts – solange man dabei nicht an Maria oder so denkt). Gute, alte Selbstbefriedigung. Lieber Runterholen als Rauftragen sage ich da nur, und selbst ist der Mann. Schnell, sauber, diskret! Ein einfühlsamer Dialog zwischen Fingergliedern und Glied. Da weiß Mann, was Mann hat. Aber bitte nicht bloß jähes Hin- und Herreiben des *praeputium*; seinem Stiel sollte man sich mit Stil nähern. Die Welt ist voll mit Masturbationsmeistern, die selbst Hand anlegen und erst noch mit einfallsreichen Alternativen zum guten, alten Vaginalsekret *kommen*. Ja, da kann keine simple Möse mithalten. Nur schon schlichtem Babyöl kann das weibliche Geschlechtsorgan nicht die *lubrica glandularis* reichen. Ganz zu schweigen von Extravaganzen wie Mentholrasierschaum, duftende Körperlotion oder prickelndes Duschgel. Da ist für jeden Geschmack etwas dabei. Liebhaber von oralem Verkehr schwören übrigens auf *Frenchdressing*. Und was dem Exzentriker seine *Crème chantilly*, frisch aus dem Kühlschrank, ist, ist dem Schuhfetischisten natürlich seine Schuh*wichse*, idealerweise farblos. Für Lack- und Leder-Typen gibt es raffinierte Spezialprodukte. Harte Kerle sind scharf auf ihr Olivenöl mit eingelegten Chilischoten (besonders harte Kerle bringen ihren Kolben gleich mit Motorenöl auf Touren). Olivenöl eignet sich auch vorzüglich fürs erste Mal, aber bitte nur kalt gepresst und *extra* *virgine*. Auch Homos schwören auf Olivenöl, jedoch nur Griechisches, und allenfalls noch auf Hämorrhoidensalbe. Ja, wenn's ums „Kommen" geht, ist die pralle männliche Ideenwelt grenzen- und schamlos.

Wo wir auch schon bei einem weiteren besonders gewichtigen Kapitel von Nr. 4 angelangt wären: Sex! Von Analverkehr bis Zoophilie ist da alles drin. Ohne Tabus werden auch heikle Themen wie Nekrophilie und Sadomasochismus angegangen. Letzteres im Grunde eine durchwegs elegante Sexualpraktik, die ganz ohne ekligen Austausch von Körperflüssigkeiten auskommt. Da gibt's bestenfalls eine Oralpredigt. Oder eine Ständerpauke. Neben der klassischen, körperlichen Züchtigung hat hier die psychologische Erniedrigung einen enorm hohen Stellenwert. Ferner sind Rollenspiele, mit klar festgelegten Parts (wie der Schäfer und sein Schaf oder Meister und Hund) ebenfalls extrem populär in diesen Kreisen. Ein definierendes „Du Hund!", gefolgt von einer Affirmation („Ich Hund!"), begleitet von heftigem Bellen, gehören da genauso dazu, wie ein angenehm enges Halsband mit passender Leine. Wedeln ist erlaubt.

Wo wir es gerade vom lieben Vieh haben: Sodomie ist ja eigentlich etwas Ekliges, aber sag das mal Nachbars Lumpi, wenn er spitz ist und Herrchens Hosenbein herhalten muss! Da machen die Viecher dann keine Rassenunterschiede. Die umgekehrte Variante kann man bei einsamen Schafshirten ja gerade noch durchgehen lassen. So ein Schaf hat ja genau genommen auch etwas Anziehendes (man denke nur mal an all die Wollpullis und Socken). Und an so einem krausen Schafshintern kann man sich bestimmt so richtig schön in der Wolle festkrallen. Sei's drum!

Natürlich gibt es auch noch eine andere Form der Tierliebe. Eine stubenreine Version sozusagen. Domestiziert eben. Und die kennt nun wirklich keine Grenzen. Paradebeispiel ist einmal mehr des Menschen bester Freund, der Hund. Es gibt Nichts, was es nicht gäbe, rund um das Thema „Töle". Halsbänder mit MP3-Player, Schwanzstützen für wedelfaule Kläffer, Knochen mit Schokoladengeschmack, Schokolade mit Knochengeschmack. Ja sogar Pornofilme für die lieben Vierbeiner gibt es: „Ein Hund treibt's bunt", „Lechzende Lefzen", „Mächtig trächtig" (Teil 1 und 2), ganz zu schweigen von der kompletten „Messie"-Reihe („Messie kommt zu Hause, Messie zieht Leine, Messie mag es *doggiestyle*" etc.).

Sex mit Verblichenen scheint auf den ersten Blick auch völlig abartig. Dennoch, so manche unbefriedigte Dame tut gut daran, zu wissen, dass ein leichenstarrer Liebhaber selten schlappmacht. Bis eben die Zersetzungsvorgänge einsetzen. Ich frage mich, ob das auch unter Nekrophilie fällt, wenn einer beim Vögeln das Zeitliche segnet. Der Fick seines Lebens war es bestimmt.

So kämpfe ich mich kapitelweise durch Nr. 4 und den Unsinn des Lebens. Zurzeit arbeite ich gerade am 8. Kapitel, welches die Ess- und Trinkgewohnheiten der Gesellschaft unter die kritische Lupe nimmt. Das Stichwort lautet „Nahrungsmittel", und mir knurrt bärenmäßig der Magen.

Im Supermarkt

In jedem Einkaufsladen würde ich die Tiefkühlwarenabteilung mit verbundenen Augen finden. Wenn ich das vertraute Summen der Eisschränke höre, wird mir warm ums Herz. Der pausbäckige Kapitän mit seinen fischigen Glubschaugen lacht mir schon von Weitem vom Werbeplakat zu, umringt von seinen minderjährigen Süßwassermatrosen. Ob er ihnen heute schon sein Fischstäbchen gezeigt hat? Hart an der Grenze des guten Geschmacks, diese Werbung; wie die Fischdinger übrigens auch.

Tiefkühlprodukte! Der Eckstein einer jeden ausgewogenen Ernährung; die Basis unserer Lebensmittelpyramide. Praktisch, mannigfaltig, nahezu unverderblich und unverfroren gut. Solange wie ich mich jeweils in diesen Gängen aufhalte, würde es mich nicht wundern, wenn ich mir einmal eine böse Lungenentzündung zuzöge. Ich sag nur: *in gelatum veritas est.* Zeige mir dein Tiefkühlfach, und ich sage dir, was du brichst!

Für Tiefkühlkost ist mir kein Weg zu weit; da marschiere ich bis zum geografischen *und* magnetischen Nordpol. Denn bei Kaltem werde ich heiß und bei Hartgefrorenem weich wie

Softeis. Aber heute bleibe ich stark und kaufe nichts.

Die Frischgemüse-Abteilung umschiffe ich gekonnt. Dieses mit Ungeziefer verseuchte Zeug kommt mir nicht in den Kühlschrank! In meinen schwärzesten Alpträumen kommen Schnecken befallene Auberginen, Milben geschwängerter Blattspinat und Laus behauster Kohlrabi vor. Frisches Grünfutter esse ich aus Prinzip nur, wenn es vorgekocht, tief gefroren und frei von Keimen ist. „Püriert statt pur" lautet mein Motto.

Und was kommt nach dem arktischen Schlaraffenland und dem Gemüsedschungel? Das Tal der tausend Dosen. Konserven – Wundertüten unserer Konsumgesellschaft. Schatzkisten der modernen Welt. Das sind nicht bloß schlichte Esswaren, kleine Kunstwerke sind das: *Time-Capsules* (Andy Warhol lässt grüßen – darum war der also so versessen auf Suppendosen). Konserven kommen auf meiner persönlichen Hitliste gleich nach der Tiefkühlkost und entsprechend fast täglich auf den Tisch. Wahrlich eine runde Sache! Büchsen bergen Geheimnisse und stehen seit jeher für das Unbewusste, für das Versteckte.

Die ganze Welt scheint in eine simple Weissblechdose zu passen. Selbst die Zeit geht vermeintlich spurlos an diesen blank polierten Behältern vorüber. Bereits 1804 entdeckte ein französischer Koch, dass Lebensmittel nicht verderben, wenn sie in einem luftdicht verschlossenen Behälter verpackt werden. Das Verfahren fand allerdings erst 1851 auf der Londoner Weltausstellung seinen endgültigen Durchbruch. Damals konnten sich die Besucher der Ausstellung davon überzeugen, dass die Lebensmittel aus einer 38 Jahre alten Konservendose nichts an Wohlgeschmack eingebüßt hatten. Ich frage mich, wie die das Teil aufgekriegt haben, denn der erste Büchsenöffner wurde erst gute drei Jahre später erfunden.

Wie dem auch sei, der Erfolg dieser Erfindung war so durchschlagend, dass der europäische Adel sowie wohlhabende Industrielle und Kaufleute sich ganze Menüs nur aus Konserven zusammenstellen ließen. Als bekennender Dosenesser darf ich mich auch zu diesem gehobenen Gourmetkreis zählen. Ich besitze zu Hause eine stolze Sammlung, welche natürlich regelmäßig aktualisiert wird. Von Apfelmus bis Zungenwurst sind sämtliche Geschmacksrichtungen aus aller Herren Länder vertreten. Da hätten wir süße Schokoladen-kreme aus Belgien, feuriges *Chili con Carne* aus Mexiko, salzige Macadamianüsse aus Australien sowie saure Gurken aus Polen. Diesen ließen sich Spezialitäten wie konfitierte Ingwerstückchen aus Japan, bittere Aprikosenkerne aus Vietnam, schwedisches *Corned-Moose* (die Elchversion vom Rindsklassiker) und Fruchtsalat aus Mazedonien anfügen. Ich nenne sogar zwei Dosen faule Enteneier aus China mein Eigen. Ein ganzes Regal meiner Vorratskammer habe ich diesen internationalen Schmankerln gewidmet.

Ein weiteres Brett steht halb im Zeichen der Standardkonserven einerseits (Saucen, Suppen und Eintöpfe) und ist andererseits dem Saisongemüse und Lokalfrüchten gewidmet. Kein Kraut, das nicht in eine Dose passt; da ist von Artischockenherzen bis Zuckererbsen und von Aprikosenindosen bis Zwiebelpickles alles vertreten.

Ein dritter Schaft schafft das schier Unmögliche: Er verleiht dem Essen eine unerwartete Spannung. In der „Pandoraecke" habe ich feinsäuberlich alle Papieretiketten entfernt. Das ist der ultimative Dosenkick! Da kann kein Überraschungsei mithalten.

Zweimal Chili und eine Waldpilzmischung landen im Einkaufskorb, und ehe ich mich versehe, bin ich auch schon ins Reich der trockenen Teigwaren eingedrungen. Eine Nudelwelt tut sich vor mir auf. Welche

Markenfülle! Dutzende von Billigpasta wetteifern mit den bekannten Namen. Und erst die Artenvielfalt! Von *Tagliatelle, Strozzapreti* und *Orecchiette* über *Ravioli, Cannelloni, Maccaroni* und *Tortellini* bis hin zu *Farfalle* und den famosen *Linguini*. Und natürlich, nicht zu vergessen, der Star unter den Teigwaren: *Spaghetti* – des Junggesellen bester Freund. Die Pasta, die immer passt. Ein Klassiker in aller Munde. Drei Packungen landen im Korb.

Ich gehe zur Kasse, aber nicht zu irgendeiner. Nummer 4 ist meine Kasse. Da sitzt das reine und holde Fräulein Messner. Ich könnte vor Freude jodeln. Eine Augenweide von einer Kassiererin! Zart, sanft, elegant, mit blassem Teint und riesigen Titten. Das liebe, geile Fräulein Messner! Da kommt Bergsteigerstimmung auf. Selbst der größte Stubenhocker verspürt da Lust, mindestens einen ihrer Achttausender zu erklimmen und ihrem Yeti auf den Pelz rücken. Ohne Sauerstoffgerät.

Wie grazil sie doch die Strichcodes über das Lesegerät streift, mit ihrer Engelsstimme den Gesamtbetrag haucht und feenhaft mit den feinen Fingern die blasse Kasse betippt, um dieser anschließend elfengleich das Rückgeld zu entzaubern. Eine Kaufhausgöttin, wie sie im Kassenregistrierbuch steht! Eine wahre Warenhausvenus! Eine Kassenkatze eben. Sie ist meine Kassiererin auf Lebzeit; bei ihr piept die Kasse einfach lieblicher. Und die Quittung duftet nach ihrem betörenden Veilchenparfüm. Ich habe ihr ewige Kundentreue geschworen. Leider bin ich da nicht der einzige; sie geht fremd. Fast alle männlichen Kunden im Vollbesitze ihrer Sehkraft und ohne weibliche Begleitung bevorzugen Kasse Nr. 4. Da kann es schon mal vorkommen, dass Nr. 3 und Nr. 5 männerleer stehen. Und in der Schlange in der Mitte alles Kerle. Eventuelle Ausbuchtungen im Beinkleid zeugen selten von Ladendiebstahl. Und verstohlen sind da nur die Blicke in den Ausschnitt. Ich bin eben nicht der einzige, der die schönen Dinger des Lebens zu schätzen weiß; damit muss ich leben. Hach, Fräulein Messner: ein Superweib im Supermarkt! Wäre ich Millionär, ich würde den ganzen Tag einkaufen gehen.

Zu Hause

Das Tiefkühlfach ist kaputt, und es tropft aus dem Eisschrank. Ich lasse mir normalerweise von Haushaltsgeräten keine Vorschriften machen (mein Staubsauger zum Beispiel hat bei mir selten was zu saugen und überhaupt nichts zu sagen), aber heute gibt es *Lasagne* zum Abendessen. Gleich ganze drei Stück. Und zum Frühstück Pizza. *Buon appetito*! Flugs die Verdis verstaut (*Lasagne* im Herd, Giuseppe im CD-Player) fehlt nur noch eine Flasche Chianti mit Himbeersiruparoma. Die Wohnung ist mit käsigem Duft und käsiger Opernmusik erfüllt.

Eine Stunde und drei Aluschalen später hängen mir der Italofraß und das tuntige Gejaule zum Hals raus. Ich schaffe es gerade noch, mich rücklings aufs Sofa fallen zu lassen. Praktisch, wenn man gleich dort isst, wo man schläft, wo man fernsieht, liest und schreibt. *My Sofa is my castle*. Meine kleine Privatinsel. Da ist die Welt noch samtweich und schwer in Ordnung. Meinen Dreiplätzer würde ich gegen Nichts auf der Welt eintauschen, höchstens vielleicht gegen einen Vierer mit Chaiselongue.

Das Einzige, was mich jetzt noch zum Aufstehen bringt, ist die Aussicht auf einen guten, starken italienischen Espresso. Jetzt nur noch die Fernseher-Fernbedienung und dann gute Nacht! Fernsehen, noch so ein Unwort. Warum denn in die Ferne sehen, wenn das gute Buch so brachliegt? Ich bin zwar ein überzeugter Nahleser, aber eben auch passionierter Fernseher. Lesen ist meine Leidenschaft, und Fernsehen mir meist Leiden schafft (denn beim Fernsehen hat man oft das Nachsehen). Und doch: Ich sehe gern fern. Aber bitte nicht jeden x-beliebigen Müll; ich suche mir meinen Mist bewusst aus. Für mich bitte nur gehobene, den Geist anregende Sendungen. Ich habe Glück und *zappe* auf eine Talkshow. Thema: „Ich wurde von meinem Stiefvater vergewaltigt und mochte es eigentlich ganz gern". Sag ich's doch: Kultur pur! Das ist wie eine Mischung aus Schulfernsehen, Porno und der Sesamstraße. Achtung Kinder – heute geht's ums Ficken! Da kann sogar ein abgewaschener und mit allen Wassern gebrühter Möchtegernschriftsteller wie ich noch was dazu lernen. Nr. 4's Kapitel über Sex bekommt morgen einen fetten Zusatz.

Im Anschluss sind Nachrichten angesagt. Von wegen Nachrichten; kaum lässt einer einen Furz, schon weiß die halbe Welt davon. Das sind mir ja schon fast Währendrichten. Und wann kommt bitteschön das Vorrichten? Ich kann es kaum erwarten. Trotzdem sind die meisten sogenannten Neuigkeiten schon eher Altlasten.

Südkorea will sich mit Nordkorea versöhnen, aber Nordkorea nicht mit Südkorea, und mir soll so etwas nicht kalt am Hintern vorbeigehen? Da sollte mal jemand hin und aufräumen: die Franzosen oder die Amerikaner zum Beispiel. Die haben ja schon massig Erfahrung im Überfahrenwerden in dieser Ecke des Globus.

Dem Bericht folgt das übliche Rumgenörgel des bunten Haufens betretener Regierungsvertreter aus aller Welt – Politik genannt. Politik! Ein geschmiert regierter Abgeordnetenabort, wo sich Wählerquäler und Ministergeschwister die Hand geben. Im Parlament, voll mit schwitzenden Vorsitzenden, wird Ironie-Demokratie praktiziert. Da herrscht noch Sucht und Unordnung! Parteischweinerei, Parlamentsdemenz und Fraktionsfraktur sind da an der Tagesordnung. Und was kommt nach der lieben Politik? Die gute Wirtschaft eben. Der Wirt schafft es ja gerade noch, aber kommen denn auch die Kunden über die Runden? Reich wird immer reicher und bleicher, Arm ist arm und bleibt gefälligst so und Otto Normalverbraucher desinformierter und selbstorientierter denn je. Eigennutz steht vor Umweltschutz, und Nächstenliebe bezieht sich gerade mal noch aufs Ficken. *It's a man's world*, wo der Gute eine Rute und die Böse eine Möse hat. Da verwundert es nicht, dass sich immer mehr Frauen (sprich: Lesben) kurzum künstlich befruchten lassen. Bald können die noch das Geschlecht selbst bestimmen und dann Horden kleiner Lesben heranzüchten. Ehe Mann sich versieht, läutet Frau eine neue Amazonenära ein.

Apropos Amazonen und so – den modrigen Geruch in meinem Wohnzimmer bemerkt man kaum noch. Auch die anfänglichen Schimmelflecken von der Größe Südamerikas schwinden oder verschieben sich zumindest so plattentektonisch Richtung Badezimmer.

Auf einem anderen Kanal läuft passenderweise eine Sendung über den Amazonas. Ich liebe Dokumentarfilme, und wenn Tiere darin vorkommen, umso besser. Die besten Tiersendungen machen heutzutage die Engländer und die Deutschen. Frankreich kann da nicht mehr mithalten, seit die berühmteste aller roten Wollmützen vom Bildschirm verschwunden ist. Ich ziehe mir alles rein: vom Fressverhalten des Gürteltiers über das Balzritual des Bartgeiers bis hin zu den Schlafgewohnheiten der gemeinen Nacktschnecke.

Tiersendungen kann man sich einfach den lieben langen Tag anschauen. Sie stellen in der heutigen Programmvielfalt eine der wenigen familientauglichen Fernsehsendungen dar. Das kann sich der Opa zusammen mit dem Enkel und der Tante anschauen. Die ganze Sippe schaut gebannt, wie sich der Lachs mühsam seinem Geburtsort stromaufwärts entgegenquält, um von einem hungrigen Grizzlybären hinterhältig aus dem Wasserfall gepflückt zu werden. Und ist es nicht schön zu sehen, wie die Löwenmutter ihrer Gazellenbeute die Zähne in den Hintern schlägt? Oder wie der Komodowaran sich ein noch zappelndes Rehkitz einverleibt? Ja, in Tierfilmen ist die Welt noch in Ordnung. Das Rebhuhn gluckt, die Wildsau grunzt, der Hirsch röhrt, und die Rehe äsen friedlich.

Das Familienidyll scheint perfekt, sollte man meinen. Man sitzt bequem mit Mutti in der guten Stube und schaut sich entspannt ein Programm über das heimische Rotwild an. Bis das Wild wild wird! Nur schon das Balzgehabe treibt einem die Schamesröte ins Gesicht; wie der Platzhirsch, vor Geilheit platzend, mit heraushängender Zunge und starrem Blick um die Rehdamen streift und dabei gurgelnde Grunzlaute von sich gibt (in Hirschsprache vermutlich anstößige Rehredewendungen und Obszönitäten wie „Lass uns ein Bambi machen!" oder „Äs mir eins!"). Das Finale, wie der stramme Zwölfender rücklings eine seiner Damen bespringt, ihr sein dreizehntes Ende reinhaut und sie nach allen Regeln der Natur durchvögelt, lässt nicht auf sich warten.

Aber nicht bloß im Wald lauert Peinliches: Auch unter Wasser ist den Viechern nicht zu trauen. Man denke da zum Beispiel an ein interessantes Kapitel über Tiefseeforschung, mit Walfischen und so, und plötzlich packt der Herr Blauwal sein zwei Meter langes Blauwalgenital aus, jagt es seiner Liebsten wie eine Harpune zwischen die Flossen, pustet darauf hin locker zehn, zwanzig Liter Walsperma in der Gegend rum und hat dabei natürlich einen *Riesensmile* auf den Borsten.

Und wer schon einmal zusammen mit seiner Großmutter einem Schimpansen beim Masturbieren zugesehen hat, der weiß, dass Peinlichkeit neue Dimensionen annehmen kann. Da kann man nur heilfroh sein, dass sich das Vieh nicht auch noch eine Banane in seinen Affenarsch geschoben hat.

Die tierischen Protagonisten meiner Amazonassendung sind voll lahm drauf, echt zum Einschlafen, was ich dann prompt auch tue und sanft in Morpheus Armen der Tagwelt entschwinde. Gute Nacht, Welt! Lautes Geknalle weckt mich im Morgengrauen. Mir graust es vor dem Morgengrauen, aber ein tolles Wort ist es dennoch. „Grauen am Morgen vertreibt Kummer und Sorgen", sage ich mir, stelle den Fernseher leiser (es läuft „Die Kanonen von Navarone"), raffe mich auf und mache Kaffee, den Letzten für heute, denn jetzt ist immer noch heute, und morgen ist morgen. Volle Kanne ziehe ich mir die Kanonen rein: Alte Kriegsfilme sind topp! Da können neue Produktionen nicht mithalten, seien sie noch so Star geschwängert und explosionsreich.

Apropos Armee und so: Ich habe da mal vor Jahren eine kennengelernt, die ist voll auf Uniformen abgefahren. Bei der bin ich mit der „Kriegsveteranennummer" gelandet (auf meine Geschichte, wie ich die linke Hand auf dem Kriegsfeld im Feindesfeuer verloren hatte, ist sie voll abgefahren). Wie eine räudige Füchsin schnürte sie nachts um die Kasernen, in der Hoffnung, von einem angetrunkenen Panzersoldaten durchgemörsert zu werden. Vom pickeligen Rekruten bis hin zum kampferprobten Oberkommandierenden hatte sie schon alle Dienstgrade zwischen ihren Schenkeln. Inklusive den Wedel eines Feldwebels, einem Drei-Sterne-General samt Stab; ja selbst von einem Kompaniekoch wollte sie durchgenudelt worden sein. Und das alles in Friedenszeiten!

Ihre Uniformgeilheit beschränkte sich nicht nur auf die arme Armee: Auch auf die Feuerwehr stand sie schwer. Als ob die 118 ja nicht schon von sich aus eine heiße Nummer wäre. So mancher Berufsfeuerwehrmann machte bei ihr, nachdem sogar das Feuer Feierabend hatte, noch einen kleinen Abstecher, den Schlauch entrollen, den Schwelbrand im Höschen löschen. Und wenn er sie dann noch von hinten nahm, war das ein *backdraft*. Aber damit nicht genug: Piloten, Busfahrer, Zollbeamte, ja sogar bei der friedfertigen Heilsarmee holte sie sich Befriedigung. Nach eigener Aussage am schärfsten war sie aber auf unsere lieben Freunde und Helfer: die Polizei. Und ich dachte nur Kühe stehen auf Bullen. Auch hier hatte sie die ganze Hierarchie unter, über und hinter sich vereint: vom Herrn Oberinspektor bis hinab zum milchbärtigen Kadetten. Da verkehrt der Verkehrspolizist und kommt der Kommissar. Der ganze Polizeiapparat ging bei ihr rein und raus und rein und raus.

Im Großen und Ganzen war sie aber ganz nett und hatte auch noch andere Interessen, welche weiß ich im Nachhinein nicht mehr so genau. Ich glaube, mich zu erinnern, dass sie ganz gerne las, wenn auch bestimmt keine dicken Wälzer wie „Krieg und Frieden". „Rumkriegen und Befriedigen" und sich mit einem Dicken wälzen war da schon eher ihr Ding. Ich wollte doch etwas Nettes über sie sagen. Sie war sehr musikalisch und hatte bloß von Tuten keine Ahnung. Und Filme mochte sie auch noch, besonders Kriegsfilme, wo wir wieder beim Thema wären. Genau genommen nicht direkt Kriegsfilme, eher Pornoversionen von solchen, mit wohlklingenden Namen wie „Verrammelt in alle Ewigkeit", „Agenten sterben beim Einsamen" und *„Shaving Ryans private parts"*. Ich staune immer wieder über die Fertigkeiten der Texter, wenn es um die Wahl der Filmnamen geht. Obwohl einige Originaltitel an sich eigentlich schon recht anzüglich sind; man denke da nur an „Das dreckige Dutzend" oder den „Stoßtrupp Gold".

Gleich nach den Kanonen landet der Adler, auch einer meiner Lieblingsfilme. Den Schluss verpenne ich und träume von Churchill, wie er auf einem blauwalförmigen Zeppelin eine dicke Zigarre raucht und durch die Lüfte reitet. Ich sage noch: „Winston, sage ich, rauch nicht!" Und schon geht das schicke Luftschiff in Flammen auf. Schweißgebadet wache ich auf, nur ist das, was sich so nass und klebrig anfühlt, doch kein Schweiß, sondern der Rest von meinem Gutenachtkaffee. Man könnte fast sagen, dass ich zwei linke Hände habe. Ich würde mich ja schon mit Einer begnügen.

Im Café

Frisch geduscht, stehe ich am nächsten Morgen kurz nach elf bei Manolo auf der Matte und schlängele mich zu meinem Stammtisch durch. Besetzt! Herbert, der Ex-Knacki vom Viertel, sitzt öfters und neuerdings auch an meinem Lieblingsplatz; vor ihm ein lauwarmer Cappuccino. Krumme und linke Dinge kommen dem gerade und recht. Das letzte Mal saß er wegen Trunkenheit, Erregung öffentlichen Ärgernisses, Sachbeschädigung und Diebstahl (er hatte eine ältere Dame samt Hund auf offener Straße mit offenem Hosenschlitz begrüßt, dem Pudel mit der Nudel vor der Schnauze hin und her gewedelt, das arme Tier angepinkelt, der Dame im Anschluss daran die Handtasche abgenommen, um schlussendlich in seiner Stammkneipe ihre Altersrente zu versaufen). Bei so netten Zeitgenossen geht man lieber nicht auf Konfrontationskurs.

Mit einem feinen Tischlein am Fenster vorlieb nehmend, trinke ich die erste Tasse und studiere die Tageszeitungen. Der Geruch von frischer Druckerschwärze, der sich mit dem Aroma des Kaffees vermischt, versetzt mich in Ekstase. Im Wirtschaftsteil wird das, was gestern in den Nachrichten bereits erwähnt wurde, erneut umständlich beschrieben. Aufgewärmt, wie eine Lasagne. Bei dem Gedanken an italienische Tiefkühlware muss ich würgen. Die Frühstückspizza hat übrigens mein Mülleimer bekommen.

Einer der heutigen Ausgaben liegt ein Modespezial bei. Vierzig bunte Seiten gespickt mit langbeinigen, rehäugigen Mannequins, die es gerade noch schaffen, ihre spindeldürren Körper zweimal über den Laufsteg zu schleifen, bevor sie eine Bluttransfusion und eine fette Linie brauchen. Bunter Plunder und grelle Accessoires füllen den Großteil des netten Heftes. Modeschöpfer haben schon einen Superjob: Da wickelst du eine Tussi in irgendeinen Fetzen, und alle finden es toll, und viel Kohle kriegst du auch noch. Okay, du musst hochschwul sein und affig gekleidet herumlatschen, aber irgendeinen Nachteil muss das Ganze ja auch haben.

Von *Haute-coutûre* über *Prêt-à-porter*, ja selbst Sachen, die normale Frauen im normalen Leben tragen können, finden in diesem Hochglanzmagazin ihren Platz. Warum nur sieht die Realität nicht so aus? Nicht, dass alle Frauen so aussehen müssten wie Topmodels, nein. Warum können sich die Leute, besonders die Jüngeren, nicht mit etwas mehr Stil einkleiden? Ein kleines bisschen gelebte Ästhetik, ein

Funken diskrete Eleganz, ein Quantum modische Selbstdisziplin; das ist doch nun wirklich nicht zu viel verlangt. Ein jeder sollte zudem den nötigen Mut aufbringen, wenn jemand am helllichten Tag die Grenzen des guten Geschmacks offensichtlich überschritten hat, den Missetäter oder, leider meistens, die Missetäterin auf ihren Fauxpas aufmerksam zu machen: „Entschuldigung, aber rosa Stöckelschuhe und umgestülpte Jeans zusammen mit deinem fetten Arsch – das geht nun wirklich nicht." Sehr taktvoll ist das ja nicht. Man müsste das irgendwie hinkriegen, ohne die lieben Gefühle der Betroffenen lebensgefährlich zu verletzen. Und natürlich, ohne selbst eine Blessur zu riskieren; so ein Weibsbild mit ramponiertem Modestolz kann bestimmt kräftig zulangen. Wie wäre es denn diskret neben der Missgekleideten zu erbrechen (*Sorry*, aber dein Outfit …) oder einfach heftig zu niesen (Hui, ich bin ja so was von allergisch auf schlechten Geschmack). Bauchnabelfrei ging ja gerade noch; aber diese Hosen mit dem Bund auf Hüfthöhe, das mag ja bei einigen Mädels ganz scharf aussehen, bei der großen Mehrheit kann man das aber nur noch als abstrakte Kunst durchgehen lassen. Das Fräulein *Sixty* würde sich im Grab umdrehen.

Den Kulturteil haben sie heute ganz weggelassen, und schon lande ich,

Trommelwirbel!, auf der Seite mit den gemischten Sachen.

Ganz oben ein Bericht mit Foto. Der norwegische Fischer Lars Fokke hatte vor fünf Jahren seinen Ehering auf hoher See verloren und diesen nun im Bauch eines dicken Fisches wiedergefunden. Auf dem Bild zu sehen sind der Fischer, seine Frau und der Fisch. Seine Gattin ist dick und hässlich wie ein Pottwal. Da hätte er lieber den Fisch geheiratet.

Bei einer Gebirgstour in den österreichischen Alpen wurde ein japanischer Wanderer von einem angetrunkenen Jäger mehrfach angeschossen. Der Waidmann glaubte, einen Bären gesichtet zu haben, legte an und brannte ihm kräftig eins auf den Pelz. Auch nachdem der in eine dicke Pelzjacke eingehüllte orientalische Abenteurer sich auf (Japanisch) schreiend als Mensch (oder besser als Japaner) zu erkennen gab, feuerte der Sonntagsjäger erneut eine Salve ab, weil er glaubte, das Tier grunze vor Wut und würde demnächst angreifen. Fazit: Zwei Fleischwunden, eine davon im Hintern, ein sündhaft teurer Pelz, ebenfalls im Arsch, sowie eine bedingte Gefängnisstrafe samt lebenslangem Jagdscheinentzug für den Schützen. Weidmanns Heil! Darauf trink ich einen Jägermeister.

In Portugal ist ein Portugiese in seinem portugiesischen Aquarium ertrunken; den Fischen geht es gut.

Im Vatikanstaat wurde versehentlich ein Kondomautomat aufgestellt (statt dem vorgesehenen Apparat, wo man Heiligenbildchen und so Zeug rauslassen kann), und in Belgien gibt's jetzt neue Fritten, die bereits Mayo drin haben. Jetzt muss es die nur noch mit integriertem Bier geben, und die Welt hat ein neues Grundnahrungsmittel.

Ich bin ja von Natur aus gut-, aber nicht leichtgläubig. Manchmal hege ich doch gewisse Zweifel, ob alle diese Geschichten denn auch stimmen mögen. Ich meine, es gibt Sachen, die gibt es einfach nicht. So wie zum Beispiel: umweltfreundliche Autos, zwei ehrliche Politiker, saubere Unterhosen am Abend, wahre Lügen, ein Hund, der sich nicht die Genitalien leckt etc. Einfach unmöglich! Um jetzt nicht die Dinge aufzuzählen, die es eigentlich nicht geben dürfte, aber sehr wohl gibt; es wären dies: Silberreiher mit grauem Star, Autofahrer, die ein Rad abhaben, falsche Richtungen, richtige Fälschungen, singende Vögel und vögelnde Sänger usw.

Die Welt ist bunt und rund, aber der Schein trügt und zwar nicht zu knapp sowie des

Öfteren. Man kann sich heutzutage auch gar nichts mehr sicher sein. So ist zum Beispiel das „Muttermal" keine Aufforderung an die Erzeugerin zum Zeichnen. „Hundstage" definieren nicht die Zeit, wenn die lieben Vierbeiner menstruieren, genauso wenig wie der „Hodenkrebs" ein Schalentier ist (auch kein Eierschalentier übrigens). Wo wir schon beim besten Freund des Menschen sind, „auf den Hund gekommen" will nicht heißen, dass Herrchen es mit der Tierliebe wieder mal zu weit getrieben hat (wenn er nun aber „auf dem Hund gekommen" ist, würde ich vorsorglich den Tierschutzverein informieren). Weiter ist „Heuschnupfen" keine ländliche Drogensucht, und „Geleitschutz" genau so wenig ein lubrifiziertes Kondom wie der „Abschlepp-dienst" ein Begleitservice ist. Und wer bei „Treibholz" an einen ökologischen Lustspender denkt, der liegt auch völlig falsch. Und eine Banane im Arsch ist auch alles andere als eine Banalität. Wieso muss ich wohl, wenn von Zugvögeln die Rede ist, an einen bumsenden Lokführer denken? Der bekommt sicher schon vom bloßen Anblick der Weichen einen Harten. Das musste mal gesagt werden.

So sind auch all die Zeitungsmeldungen immer mit der gehörigen Portion Vorsicht zu genießen. Doch auch wenn sie alle erfunden wären, so sind sie doch gut erfunden. Ich sollte mich vielleicht einmal bei einer Zeitung bewerben; mich nach einer kleinen Redaktorenstelle umsehen. Zeitungen mag ich fast so sehr wie Bücher.

Ein richtiger Bücherwurm, bei dem der Wurm drin ist, das bin ich. Man sollte das zunächst nicht glauben, weil bei mir zu Hause auf den ersten Blick relativ wenig gebundenes Schriftwerk herumlungert. Hie und da ein versprengtes Buch; eigentlich alles nur solche, die gerade gelesen werden, gelesen werden wollen oder vor Kurzem gelesen worden sind. Ist ein Buch einmal durchgeschmökert, wird es schnurstracks entweder verschenkt, verkauft, recycelt oder sonst irgendwie missbraucht. Wacklige Tische gibt's bei mir nicht, und wenn ich einen Schwedenofen hätte, wäre es im Winter auch nie kalt. Mein Schlafzimmer ist mit Goethes gesammelten Werken tapeziert, das Fernsehmöbel wurde aus Kriminalromanen gezimmert, und auf der Toilette liegt immer ein Arztroman, falls mal das andere Papier ausgehen sollte.

Mir gefällt alles, was Buchstaben drauf hat. Sogar Müslipackungen, Fruchtsäfte, Duschgels, Packungsbeilagen, Kontaktanzeigen, Telefonbücher und Bedienungsanleitungen für Hi-Fi-Geräte (wo ich doch nicht mal ein Radio habe) werden von mir aufmerksam gelesen.

Einen Lieblingsschriftsteller habe ich nicht. Ich mag Bücher, bei denen man erst anklopfen muss, sich dann allmählich vertraut macht und schlussendlich mit ihnen ins Bett geht, mit ihnen liebt, lebt und leidet.

Da sticht mir das heutige Datum der ausgelesenen Zeitung ins Auge: der 4. Juli. Da war doch was am 4. Juli, aber was? *Independence Day* und so, sicher, aber was noch? Etwas so „*Born on the 4th of july*"-mäßiges. Jetzt fällt es mir ein: Der gute Hacki hat heute Geburtstag. Hacki ist mein Freund Richard Hak, aber jeder nennt ihn Hacki. Und der hat heute Geburtstag. Bestimmt hat er ihn wieder einmal vergessen. Er ist Hobbyinformatiker und Berufshacker (daher sein Spitzname; da muss man erst mal darauf kommen). Ein richtiger *computernerd* eben, superschlau und streng mathematisch einerseits; schlampig, zerstreut und ungemein asozial andererseits. Sein Intelligenzquotient liegt bei etwa 190, sein emotionaler Quotient schätzungsweise so knapp um die 20. Ein toter Frosch hat mehr Einfühlungsvermögen.

Ich werde ihm heute Nachmittag einen Besuch abstatten. Jetzt schläft er garantiert noch; das heißt nicht noch, sondern erst. Der legt sich grundsätzlich erst nach Sonnenaufgang schlafen, um gegen Mittag wieder aufzustehen.

Den Rest vom Tag sowie die ganze Nacht hockt er dann vor seinen zahlreichen Bildschirmen. Er dürfte so an die drei Laptops, vier bis fünf PCs und sicher noch mal so viele Fernsehgeräte besitzen und benützen. Wieselflink tippt er auch jeweils meine sämtlichen Manuskripte ab; wenn ich daran denke, welche Mühe mir das Zehnfingersystem bereitet, bin ich ihm dafür auch wirklich furchtbar dankbar. Er ist mein bester Freund; mit ihm kann ich über alles sprechen. Das heißt: Ich rede, und er hört zu. Der guten Freundschaft zum Trotz war er noch nie bei mir zu Hause. Das liegt daran, dass er leidenschaftlich paranoid ist und unter Agoraphobie leidet. Sagt er zumindest. Wirklich darunter leiden tut er ja nicht, ihm gefällt das Ganze richtiggehend.

Seine Wohnung hat er schätzungsweise seit zwei Jahren nicht mehr verlassen hat. Einkäufe erledigt er per Internet, und eine Freundin, Julia, hat er auch. Eine Internetbekanntschaft zwar, aber mit allem drum und dran, wie er meint. Das Herz hat er jedenfalls am rechten Fleck. Und eben dieses hat er der Julia geschenkt. Julia ist gehbehindert, fest depressiv, etwas scheintot und hockt ebenfalls den lieben langen Tag und die Nacht bei sich zu Hause rum. Die beiden *chatten* jeweils stundenlang zusammen und sehen sich auch täglich, wenn auch nur über die *webcam*. Persönlich getroffen haben sie sich noch nie.

Dennoch scheint es zwischen denen gut zu laufen, denn Hacki hat sogar schon vom Heiraten und Familiegründen geredet, natürlich übers Netz. Also meinen Segen haben sie. Ich kann und will mir jedoch nicht vorstellen, wie die das mit dem Nachwuchs auf die Reihe kriegen wollen. Bei *cybersex* dürfte das schwierig werden. Wie die es wohl machen? Ich fasse mal vorsichtshalber keine seiner *Joysticks* etc. mehr an. Und das mit der Platzangst ist doch bloß eine Ausrede, von wegen nicht mehr rauskönnen und so. Auf das Hausdach steigen, um an seinen Satellitenschüsseln rumzuhantieren, kann er jedenfalls problemlos. Julia hat zwei Arme, die ihren sonst schlaffen Körper Lügen strafen, und wohnt erst noch im Erdgeschoss. Ihr Freund hat ihr zudem einen neuen fahrbaren Untersatz mit Elektromotor besorgt, wenn sie mal nicht mehr von Hand rollen mag. Ein richtiges Luxusteil ist das; der Mercedes unter den Rollstühlen sozusagen. Das Beste, was es auf dem Markt der rollenden Stühle gerade zu kaufen gibt. Vierrandantrieb, Servolenkung und sparsamer Verbrauch lassen einen an alles andere als an eine Behindertenkutsche denken. Da fehlt nur noch die Klimaanlage. Seitenairbag braucht es keinen; da hat sie schon ihren Kathetersack hängen.

Also an Mitteln und Möglichkeiten fehlt es den beiden nicht wirklich. Die wollen nicht! Die

Zwei werden bloß mit ihrer Umwelt nicht mehr fertig bzw. ihre Umwelt mit ihnen nicht. Eskapismus pur und stur. Aber mir ist das Ganze eh wurscht. Das Stichwort ist gefallen; ich bestelle mir bei Manolo ein paar fettige *Chorizos* zum Mittagessen. Nach dem obligaten Nachtischkaffee schaue ich bei der Konditorei vorbei und kaufe den klebrigsten Schokokuchen, den die Welt je gesehen hat. Minuten später bin ich in der vollen Straßenbahn.

Bei Hacki

Ich klingele und lächle in den Briefkastenschlitz, wo mein lieber paranoider Freund eine seiner illegalen Schmuckstücke angebracht hat: eine Minikamera zur Überwachung des Eingangs. Seine Wohnungstür wird ebenfalls von einer Kamera kontrolliert. Es würde mich nicht wundern, wenn einem an der Klingel zusätzlich die Fingerabdrücke genommen werden. Die Tür geht wie von Geisterhand auf und schließt sich auch ganz automatisch hinter mir wieder. Er hat eindeutig zu viel Geld. Das hat er wirklich: seine Eltern sind bei einem Verkehrsunfall vor etwa zehn Jahren verstorben. Hinterlassen haben sie ihrem einzigen Sprössling eine lange Stange Geld und ein Haus in den Bergen (wo er übrigens noch nie war, weil ihm die Höhenluft nicht bekommt). Die ganze Kohle bräuchte er zwar gar nicht; mit seinen diversen schrägen Machenschaften im Internet scheffelt er jede Menge Zaster. Aber übers Geschäft reden tut er so gut nie. Eigentlich redet er überhaupt so gut wie nie.

Von Natur aus großzügig hat er mir schon ein paar Mal aus der finanziellen Patsche geholfen. Auch spendet er hohe Summen für wohltätige Zwecke. Manchmal glaube ich sogar, dass der so was in der Art von Robin Hood treibt, von den Reichen einheimst und es an arme Schlucker verteilt. Für ihn hat Geld irgendwie keinen Wert.

Er lebt in einer alten Dreizimmer-Mietwohnung und trägt löchrige T-Shirts mit ausgelatschten Turnschuhen. Einzig für all den Technik- und Computerkrimskrams gibt er jede Menge aus. Es ist stockdunkel in der Wohnung. Ich tappe in Richtung Licht. Richtung künstliches Licht, denn die Rollläden sind wie immer in der ganzen Wohnung geschlossen (er lebt und tappt oft auch im Dunkeln). Kein noch so feiner Sonnenstrahl vermag da einzudringen. Schotten dicht – Jalousien runter; so fühlt er sich wohl. Wäre er kein Freak, man könnte ihn für einen Exzentriker halten.

Wie bereits vermutet, hatte er seinen eigenen Geburtstag zunächst vergessen, aber seine Julia hätte ihn dick in Reizwäsche eingepackt, vor der *webcam* scharf dran erinnert. *Happy Birthday* Hacki! Ob er sein Geschenk ausgepackt hat? Nachdem der Kuchen verputzt ist, wird anstößig mit *Prosecco* auf seine 31 Lenze angestoßen. Er sieht locker zehn Jahre jünger aus.

Voller Freude zeigt er mir seine allerneuste Anschaffung: einen ferngesteuerten Hubschrauber, Modell „Falke". Und prompt hat er das Ding auch fliegen gelehrt. Mit dem Flugsimulator, wie er meint. Genau genommen hat er sich fünf von diesen Dingern gekauft: Der Erste ging im See gleich nebenan im Park baden, Nummer zwei überlebte eine eher unsanfte Bruchlandung nicht. Der Dritte steht oben startbereit auf dem Dach und wartet auf den nächsten Einsatz. Die Weiteren dienen ausschließlich als Ersatzteillager. Nun wäre Hacki nicht Hacki, wenn er dem Teil nicht seinen persönlichen Schliff verabreicht hätte. An Bord befinden sich nicht eine, auch nicht zwei, nein, gleich drei Minikameras, welche ihm erlauben, das Teil, vor einem seiner zahlreichen Monitoren sitzend, mit einer umgebauten, am Computer angeschlossenen Fernbedienung durch die Lüfte zu lenken. So könne er prima den Helikopter manövrieren und dabei gleichzeitig noch mit den Kameras hin- und herzoomen.

Stolz zeigt er mir ein erstes Video mit Außenaufnahmen eines Erkundungsflugs, samt anschließender Landung auf dem Hausdach, wo eine Flagge neben einem aufgepinselten, stattlichen „H" den Landeplatz markiert. Schon bald ist es wieder soweit, dass sich die Rotoren von Hackis „*Hawk*" emporschrauben, um in den Luftraum und die Intimsphäre seiner Mitmenschen einzudringen.

Als es an der Tür klingelt, rechne ich schon mit der Polizei, die seinen Schnüffeleien und anderen halbgeraden Machenschaften nun doch noch auf die Schliche gekommen ist. Klingelt die Polizei überhaupt je? An einem Bildschirm öffnet sich im selben Moment ein kleines Fensterchen und zeigt die Bilder der Briefkastenkamera. Da weiß man ja richtig, wie sich so ein Brief fühlt. Vor uns steht ein Ein-Mann-Trupp des Supermarkt-Sonderkommandos und führt Hackis wöchentliche Einkäufe bei sich. Man sieht, dieser Mann ist ein Profi. Vor der Wohnungstüre oben angekommen, wird er von der zweiten Kamera eingefangen, wie er routiniert die Schachtel auf die Fußmatte stellt, gekonnt klingelt und in der Folge flugs verschwindet. Ein richtiger Supermarktmann! Man sieht ihm seine Spezialausbildung in Schimmelfruchttarnung und Verfalldatumsmanipulation so richtig an. Der Schrecken aller Pfandflaschen. Dem möchte man nicht bei Nacht mit einem Bund frischem Spargel in der Hand begegnen

Ich will schon an die Türe, um das Zeug reinzuholen, als mich mein Freund zurückhält. Aha! Bestimmt checkt er es zuerst auf Milzbranderreger oder Plastiksprengstoff in den Kaugummis. Per Knopfdruck öffnet sich die Türe, das kenne ich bereits. Gespannt warte ich, welche Gadgets nun in Aktion treten. Wird der borstige Teppich die Schachtel ins Wohnungsinnere katapultieren? Oder kommt gar ein Roboter, der das Teil bis in die Küche schleift? Aber da steht er auch schon selbst auf und meint beiläufig, das bisschen Bewegung würde ihm gut tun. Ja so eine Sportskanone! Fast bin ich etwas enttäuscht. Hätte er sich nicht der Informatik verschrieben, er wäre ein prima Erfinder geworden.

An ihm ist eindeutig ein verrückter Professor verloren gegangen. Alle seine Spielereien bastelt er in der Regel selbst. Er hat sogar vor einiger Zeit eine polyvalente Handprothese, ein Aufsatz als Ersatz für meine Linke, konzipiert. Damit kann ich Bücher, Getränke und sogar die Fernbedienung halten.

Hacki kommt mit zwei eisgekühlten Colas zurück. Ich fahre ja eigentlich nicht auf so zuckersüße Limos ab, aber Hauptsache es hat Koffein drin und greift tüchtig den Zahnschmelz an.

Apropos Zähne: Morgen muss ich zum Zahndoktor. Hackis Onkel ist Zahnarzt, behandelt seinen einzigen Neffen, wie auch mich, als alten Freund der Familie schon seit Jahren – und das immer gratis. Ich habe am Nachmittag einen Termin für die obligate fünfjährliche Kontrolle. Oder war das alle zehn

Jahre? Ich gehe da schon hin, seit ich sieben bin. Oder war das das letzte Mal, als ich dort war? Morgen werden wir es wissen – da heißt es, auf die bunte Kautablette beißen und Farbe bekennen!

Ich habe den Meister neulich in einem Straßencafé angetroffen; prompt hat er mir einen Termin aufgeschwatzt, so ganz ohne Agenda. Am späten Nachmittag bin ich voll auf Koffeinentzug; auf dem Kaffee-Affen eben. Als mir mein Gastgeber bereits eine heiße Cola mit einem Schuss Milch anbieten will, räume ich das Feld. Wir verabschieden uns.

Keine fünf Minuten später sitze ich im erstbesten Lokal und bestelle bereits den zweiten Espresso. Neben mir ein blondes Gift mit schwarzen Rehaugen. Ihre Lippen hängen an einem *Latte macchiato*. Mein Blick hängt an ihrem prallen Vorbau. Ich winke ihr diskret mit meiner Linken zu, ich dreister Draufgänger, ich. Frisch gestärkt, spaziere ich heim, statte aber vorher dem Sonnenstudio gegenüber einen raschen Besuch ab. Kaffeebraun innen und außen; das ist mein Motto. Hacki wollte mir letztes Jahr zu meinem Geburtstag ein fettes Solarium schenken, was ich aber dankend abgelehnt habe. Aus Angst vor ebenso fetten Stromrechnungen und einem noch mal so fetten Melanom. Ich könnte 24 Stunden am Tag auf so einem Ding schmoren. Mindestens. Da hätte meine Couch echt heiße Konkurrenz bekommen. Die ist ja so was von eifersüchtig, die lässt mich nicht mal in die Nähe einer anderen Sitzgelegenheit. Nicht mal zum Sessel, und der ist von der gleichen Polstergruppe. Ein argwöhnisches Stück, aber eins muss man ihr lassen: Verdammt bequem ist sie. Ich lasse mich also auf dem Riesentoaster rundum bestrahlen (da wird sogar der Fusspilz optimal gebräunt) und nicke prompt dabei ein. Da ich immer mit offenem Mund schlafe, habe ich jetzt bestimmt eine braune Zunge, ohne einen Hintern geleckt zu haben. Dennoch schmeckt mein Rachen, als hätte ich tausend Backen geküsst.

Müde schleppe ich mich heim, aufs Sofa, das Gute, wo das Nickerchen fortgeführt wird. Als ich erneut aufwache, ist es bereits nach Mitternacht. Der fäkale Gusto im Mundraum hat weiter zugenommen. Ein Versuch, den Gaumenmief mit einer Pizza zu übertönen, scheitert; erst eine Extraportion scharfes Knoblauchöl wird der Lage Herr. Zum Essen wird *gezappt*. Später beschließen wir, Susi und ich, uns einen Porno anzugucken.

Ich mache das eigentlich nur, um meinen Wortschatz zu erweitern. Schmutzige Worte sind ja schön und gut, aber gut klingen müssen sie schon. Irgendwo habe ich mal gelesen, dass die

Bewohner in den südlichen Gefilden eher zu Flüchen, Schimpf- und geflügelten Worten neigen, die einen sexuellen Bezug haben (streng genommen wären das dann gevögelte Worte), während man im hohen Norden eher zu fäkalen Beleidigungen tendiere. Besonders die Italiener sind da ein Paradebeispiel. Die schimpfen zwar generell triebhaft, aber doch meist mit Ausdrücken aus dem vorderen Intimbereich. Ganz eigen ist, dass die auch gerne mit Namen von Popstars fluchen: Madonna ist da ganz oben auf der Liste.

Natürlich verwendet auch der Nordeuropäer genitales Geschimpfe, nur eben nicht so oft. Aber wenn, dann von der ganz derben Sorte. Man denke, da nur an die Aufforderung, mit sich selbst Geschlechtsverkehr zu haben oder sein mittleres Beingelenk zu begatten. Diese abartigen Ausführungen werden ausschließlich von Männern für Männer verwendet; so etwas kann und darf man nicht an eine Dame richten! Korrekterweise müsste man da nämlich „Lass dich ins Knie ficken!" sagen.

Den Schluss vom Film verpenne ich und schlafe friedlich auf der guten, alten Couch ein. Morgen ist ein neuer Tag. Morgen werde ich bestimmt weiterschreiben. Mit Garantie! Schon seit Wochen habe ich keine Silbe hingekritzelt. Sogar Hacki hat mich heute schon gefragt, ob ich denn gar nichts zum Abtippen hätte. Gleich morgen früh werden die Bleistifte gespitzt! Da geht es frisch ans Werk, bis der Stift zum Stummel wird! Auf dass die Mine glühen möge!

Zu Hause: *Le levé*

Also, wenn ich aufstehe, bleibt kein Auge trocken. Eigentlich sollte ich die Nachbarn einladen und Eintritt verlangen. So wie beim Sonnenkönig. Welche Ehre, diesem Spektakel beiwohnen zu dürfen. Jedes Sackkratzen ohne Publikum ist herausgeworfenes Geld. Fürs Zuschauen bei der Morgentoilette könnte ich locker einen Hunderter verlangen. Hintern abwischen einen Fuffi extra. Anziehen wäre sündhaft teuer, aber da ich eh am Morgen meistens noch die Kleider vom Vortag anhabe, dürfte dieser Punkt wegfallen. Die Morgenblähungen ließen sich in Konserven pressen und verhökern. Sogar der erste Urin könnte, in Flaschen abgefüllt, nach Übersee verschifft werden. Den ersten Morgenstuhl würde man in Gold aufwiegen, sofern er konsistent ist (ansonsten auch in Flaschen abfüllen und verschiffen). Ich bin ja eine richtige Geldmaschine, bin ich!

Der heutige Tag wird mit etwas Frühgymnastik begonnen. Gleich zehn Zehenbeugen (je eine pro Zeh) sowie Hosen-schlitz zumachen, mute ich mir zu. Völlig fix und fertig wird das Schreiben erst mal auf heute Abend verschoben, nein, da geht es nicht, morgen vielleicht, aber sicher übermorgen. Solche Turnübungen in der Frühe müssen mit einem ausgiebigen Frühstück belohnt werden.

Da sitze ich auch schon wieder bei Manolo an meinem Lieblingsplatz, bereits einen ersten Milchkaffee im Magen, einen zweiten vor der Nase. Ist das Leben nicht wunderbar? Ist es nicht schön, wenn man in den kleinen, alltäglichen Banalitäten den wahren Lebenssinn entdecken kann? Liegt nicht in der Monotonie unseres Daseins der Kurzweil Kern? Ist nicht die täglich wiederholte Routine der beste Weg, um uns selbst besser kennenzulernen und mit unserem Umfeld eins zu werden? Und habe ich eigentlich noch alle Tassen im Schrank?

Fragen über Fragen. Die Tibeter sagen, dass alles im Leben verstanden werden kann, wenn man sich immer die richtige Frage im rechten Moment stellt. Was mich jetzt nur noch brennend interessieren würde: *Was* ist die Frage, *wann* ist der richtige Moment, und *wieso* brodelt es so verdächtig bei mir im Gedärm? Philosophieren regt die Verdauung an und bringt Peristaltik in den Darm.

Steifen Schrittes ziehe ich mich zur Retirade zurück, hin zur lieben Latrine. Latrine, auch ein ganz tolles Wort; so würde ich glatt meine Tochter taufen. Der Ausdruck hat für mich etwas

Magisches an sich. So Lokuspokus. Nun denn, es kommt, wie es kommen musste, aber nicht kommen sollte: An der Tür prangert ein knalliges Rot. Besetzt! Doch Zeit und anderes drängen. In der Not sehe ich nur einen Ausweg: das Pissoir, des Stehpinklers bester Freund. Was nun passiert, kann ich später einmal meinen Großkindern erzählen. Ich zögere einen kurzen Moment, überlege, ob ich mich draufsetzen oder nicht doch besser auf Distanz gehen sollte. Gerade schaffe ich es noch die Hosen knapp über den unteren Backenrand und mich gegen den nasskalten Beckenrand zu stemmen.

Mit stockendem Atem versuche ich, so wenig Druck als nur möglich auszuüben. Prompt muss ich niesen. Das anschließende Geräusch geht durch Mark und Darmbein. Hinter mir höre ich es nur noch plätschern, während eine Stimme aus der besetzten Toilette ein freundliches „Gesundheit" offeriert. Und das Unheil nimmt seinen Lauf. Jetzt kommt es faustdick! Jahre des wässrigen Stuhlgangs und ausgerechnet heute feste Materie. Und es hört und hört nicht auf. Vom Klosett ertönt bereits die Spülung.

Als kurz darauf die Tür aufgeht, machen bei mir schlagartig die Schotten dicht. Geistesgegenwärtig wirble ich herum, lasse mein Hemd über die blanken Backen fallen, den klassischen Stehurinierer mimend. Mit geschlossenen Augen steigt mir ein morbides Aroma in die Nase, das fern an *Lasagne* erinnert. Tote Lasagne! Ich zwinge mich, hinzuschauen und kann nicht fassen, dass das alles von mir sein soll. Ich drehe mich um, hieve Hose rauf, Hemd rein, zerstreue den Gedanken, ich könnte mich ja durchs Fenster davonmachen, und gehe zielstrebig auf die Tür zu. Einfach nur raus hier, so schnell wie möglich. Durch den Türspalt spähe ich in das gottlob schon ziemlich volle Lokal, fasse mir ein Herz und stehle mich am Tresen vorbei, diskret ein paar Münzen für den Kaffee zurücklassend. Bloß nicht auffallen. Geschafft! Auf diesen Schock brauche ich jetzt erst einmal einen stärkenden Kaffee!

In der warmen Mittagssonne spaziere ich zwei Blocks weiter und kehre bei *Ginos'* ein. Der Besitzer, Gino, ist doch tatsächlich Italiener, führt das Lokal zwar als Eisdiele, braut aber auch anständigen Kaffee. Ein doppelter Espresso muss es sein. Nur schweres Geschütz vermag in so einem Moment, meine Nerven zu glätten. Bei halber Tasse steigt mir erneut dieser Todesgeruch in die Nase. Schon unglaublich, wie einem das Gehirn so Streiche spielen kann. Vor allem Gerüche können sich richtiggehend darin einnisten und jederzeit wieder zum Vorschein kommen. Als aber auch Gino die Nase rümpft, irgendwas von „*Porca vacca – que puzzo*" murrt, überkommen mich doch ernste Zweifel. Einer gewissen Beklemmtheit folgt die beklemmende Gewissheit, dass da beim Schuss der nach hinten losging, doch tatsächlich Kollateralschaden entstanden ist.

Noch nie habe ich so schnell einen Espresso runtergespült, bezahlt und ein so dickes Trinkgeld spendiert. In den eigenen vier Wänden drücke ich zum ersten Mal den 90°-Knopf meiner Waschmaschine – Farbe hin oder her. Ich dusche zweimal und wasche mir dreimal die Haare – für alle Fälle.

Armer Manolo – da hat er jetzt den Dreck. Wie er das Zeugs wohl wegbekommt? Mit dem Staubsauger eventuell? Er hat doch so ein saugstarkes Nass/Trocken-Modell ohne Beutel. Oder mit einem Kaffeelöffel portionsweise weglöffeln? Etwas Positives kann ich der Sache doch abringen: Ich bin insgeheim hocherfreut über die solide Konsistenz meines *outputs*. Da lacht der Dickdarm!

Beim Zahnarzt

Nachmittags um Viertel vor drei sitze ich brav auf einem dunkelgrünen Sessel im Wartezimmer von Dr. Hak und mache das, was man halt so macht, in einem Wartezimmer. Nicht mal eine Zeitung gibt es hier, bloß bunte Zeitschriften. Ich greife nach dem erstbesten Boulevardmagazin und vertiefe mich genüsslich in Klatsch- und Tratschgeschichten. Das halbe Heft ist unserem lieben blaublütigen Adel gewidmet. Die royale Crème de la Crème, die auf Kosten des Steuern zahlenden Bürgertums einen faulen Lenz schiebt. Was am meisten interessiert ist, wer gerade mit wem (bumst) und was die dann vorher und nachher noch so für Kleider tragen.

Und dann natürlich noch die schrecklichen Schicksale der armen Reichen: Magersucht hier, Alkoholismus da, und dann müssen die noch wegen einer Herzverfettung und Nierenkolik in die Privatklinik. Das kommt vom vielen *foie gras* futtern und Champagnerbechern. Die riskieren Leib und Leber, nur damit das gemeine Fußvolk was zu bestaunen hat. Jeden Tag aufs Neue setzen die in all den teuren Luxusflitzern ihr Leben aufs Spiel. In der Motoryacht zu gondeln, ist grauenhaft gefährlich, im Learjet zu düsen, glatter Selbstmord. Da heißt es: Adelauge sei wachsam! In jeder Auster lauert das Verderben, und schon so mancher hat sich an Hummerscheren die blaue Schlagader malträtiert. Die Angst, an einem Kaviarcracker zu ersticken, ist allgegenwärtig (man kennt diesen letalen Fischlaich auch als „Schwarzen Tod"), und der Sensenmann hat immer eine Portion Rauchlachs dabei. Es ist nicht einfach, adlig zu sein, dieser Tage. Und dann vermehren die sich auch noch wie die Karnickel. Jeder Beischlaf kostet den Steuerzahler ein Vermögen! Da bekommt man gerade Lust, die alten Revoluzzerzeiten wieder aufleben zu lassen, denen mit der Guillotine zwar nicht den Kopf, aber immerhin den kleinen Prinzen abzuschlagen.

Von reich, berühmt und aristokratisch geht's weiter zu nur reich und berühmt und solchen, die es gerne wären. Wohlhabend und gutaussehend gesellt sich gerne. Bekanntlich gibt es in diesen gehobenen Kreisen viele jüngere Frauen, die auf ältere Herren stehen, die gut situiert sind, auch wenn sie den alten Weggefährten im Beinkleid nicht mehr so gut situieren können. Und weil dann der Pelz eben nicht mehr so oft gebürstet werden kann, gibt es stattdessen jeden Winter einen neuen Nerzmantel. Diesen bekommt Frau, wohlgemerkt, nur so am Rande, neben all dem anderen, luxuriösen Krimskrams wie

Goldohrringe, Perlenketten und Diamantarmbänder. Damen, die Letztere geschenkt bekommen, sind im Volksmund übrigens auch als Armbandhuren bekannt. Besonders raffinierte Modelle wollen auch noch in Gstaad oder St. Moritz überwintert werden (das wären dann Schweizer Armbandhuren). Dort ist es zwar arschkalt und alles ist schweineteuer, dennoch hat man die Gewissheit, dass die Kohle für den Nerz gut investiert wurde. Die frische Bergluft strafft zudem die Haut, da spart man Botox, und das Silikon bleibt auch länger griffig.

Ja, man darf nicht vergessen, dass bei der weiblichen Begleitung nicht bloß an die Unterhaltung, sondern auch an den Unterhalt zu denken ist; so ein Luxusweib will gewartet werden. Das kann ganz schön ins Geld gehen! Besonders in Zeiten der Rezession drängt sich da die Frage auf, ob Mann von seiner kostspieligen Gespielin nicht auf ein günstiges, asiatisches Plagiat umsatteln oder gar, in Zeiten absoluter Not, wieder auf Handaufzug umstellen sollte. Das ist jetzt vielleicht doch etwas zu drastisch. Wer sparen will und trotzdem auf seine schicke Schickse nicht verzichten mag, limitiert einfach Brustvergrößerungen, Lippenaufspritzen etc. auf ein absolutes Minimum (alle 10 bis 15'000 km, je nach Alter und Modell). Wenn man nicht aufpasst, haben die so viel

Silikon intus, dass man damit in einem dreißigstöckigen Wohnblock sämtliche Nasszonen abdichten könnte. Dass diese spritzigen Eingriffe überhaupt noch unter „Schönheitsoperationen" laufen, ist mir ein Rätsel. Die allgemeine Devise heutzutage lautet: „In ist, wer dünn ist – Fett ist gar nicht nett." Im Fett sitzen wollen sie alle, aber dick sein keine Sau. Zuerst stopfen die sich mit Delikatessen den feisten Wanst voll und bekommen danach für teures Geld ihr Fett wieder weg. Man stelle sich mal die Unmengen an Fettgewebe vor, die jedes Jahr abgesaugt werden, bloß, um ungenutzt auf dem Müll zu landen. Welches brachliegende Potenzial da schlummert und richtiggehend darauf brennt, wiederverwertet zu werden. Die Bohnerwachsindustrie bekäme eine neue, nie versiegende Rohstoffquelle. Oder man könnte das Zeug auch zu Butter verarbeiten und dem Welt-Ernährungsprogramm stiften. Die Hungrigen dieser Welt würden es danken. Die bräuchten dann nur noch was zum Draufschmieren.

Eine flotte Doppelseite zeigt nur barbusige Stars und Sternchen, die sich an Stränden und auf Motoryachten aalen, wo sie ahnungslos von stieläugigen *Paparazzi* abgelichtet werden. Diese Zeitschriften sind ja noch lustiger als das Vermischte der Tageszeitung! Ich sollte eindeutig öfters zum Zahnarzt.

Eine Viertelstunde heiteren Lesens später öffnet sich die Türe zum Behandlungsraum, und die Zahnarztgehilfin bittet mich freundlich herein. Da hätten wir also gleich noch einen weiteren Grund, um hier öfters vorbeizuschauen: die taufrische Praxishilfe aus Indien, Fräulein Namrata Rai, wie auf ihrer Schürze zu lesen steht, ist so süß, dass man schon vom bloßen Hingucken Karies bekommt.

Dieser scharfe Zahn ist hier genau am rechten Ort. Ein schwarzbrauner Krokantengel mit glitzernden Edelsteinen als Augen. Ein bronzefarbenes Rehkitz mit den schneeweißen Zähnen einer rolligen Naschkatze. Ein sonnengebräuntes Honighermelin mit Kurven, die selbst den asketischsten Hindu auf unkeusche Gedanken kommen lassen. Süß wie *Mangochutney* und feurig wie Curry. In ihrem sexy weißen Dress mit Häubchen sieht sie vernaschenswert aus wie eine *mousse au chocolat* mit Schlagsahne drauf. Und der feuerrote *Bindu* zwischen ihren dunklen, federgleichen Augenbrauen ist die zierende Kirsche.

Mit ihren schmalen Lotusfüßen tanzt sie förmlich durch die Praxis und hinterlässt ein betörendes Aroma aus Ambra und einem Hauch Orangenblüten. Für diese Paradontoseperle würde ich ganze Gedichtbände verfassen. Auf

Sanskrit, falls nötig. Ich kann es kaum erwarten, von meiner Amalgamantilope den Speichelsauger in den Mundwinkel gesteckt zu bekommen! Hoffentlich brauche ich eine lange, ausdauernde Wurzelbehandlung, damit der Doktor ordentlich auf Mithilfe angewiesen ist. Ich träume schon jetzt davon, wie mir mein Fluorfasan mit ihren zarten Elfenbeinfingern den Mund weiter öffnet und ich mit der Zungenspitze den Geschmack ihrer mit Henna bemalten Fingerkuppen erhaschen kann.

Während mir mein Zahnhalshase lächelnd das Papierlätzchen umbindet, glaube ich, mich von Parvati höchstpersönlich umarmt. Und als sich meine Speicheldrüsenspitzmaus über mich beugt, um eine kleine, rosa Brausepille ins Gurgelglas fallen zu lassen, weiß ich, dass es ein Leben nach dem Tod gibt und dass kein Bügeleisen dieser Welt die Wogen meiner Hosenausbuchtung jemals wird glätten können. Sanft steuert meine Gaumengemse den Praxissessel per Knopfdruck in horizontale und meinen Hoseninhalt weiter in vertikale Lage. *Hare Krishna*!

Rüde werde ich vom Doktor aus meinen rosazuckerwattigen Tagträumen auf den kalten Praxisboden der Realität zurückgeholt. „Hey Basti, alles klar?" Er nennt mich immer „Basti". So was Blödes! Er heißt Wolfgang; ich sage ja auch nicht „Gang". „Stuhlgang" sollte ich ihn eigentlich nennen; so ganz nach seinem üblen Mundgeruch. Oder Dr. Zahnarsch. Nicht gerade die beste Visitenkarte, wenn ein Zahnarzt solchen Mundmief hat. Etwas widersprüchlich auch. So etwa wie ein vegetarischer Metzger oder ein blinder Optiker. Oder ein zuckerkranker Zuckerbäcker. Den glatzköpfigen Frisör lasse ich gerade noch durchgehen. Von wegen nach jeder Mahlzeit mit kreisenden Bürstenbewegungen die Zähne putzen – das Einzige, was der je regelmäßig gebürstet hat, war seine alte, fette Praxishilfe. Von meinem Zahnfleischschnitzel soll der gefälligst seine Finger lassen!

Wie immer labern wir zuerst über Nebensächliches zum Beispiel, wie der Herr Doktor den Geburtstag seines Neffen vergessen hat, über die europaweite Karieszunahme oder zahnschonende Kaugummis mit Holzgeschmack und gelangen dann langsam, aber sicher zu meiner zahnärztlichen Vergangenheit. In meinen Unterlagen ist alles ersichtlich: von der ersten Milchzahnkaries über Parodontose im Jünglingsalter bis hin zur Weisheitszahnextraktion vor ein paar Jahren. Das Ganze wird jedes Mal aufs Neue eingespeichelt und durchgekaut. „Hach, weißt du noch, der schiefe Zahnhals von damals?" – „Magst du dich noch an den 35er erinnern? Puh, der hatte ein Loch, so groß wie eine Kiesgrube!" Seine lahmen Sprüche, die nicht mal unter Lachgaseinfluss lustig sind, gepaart mit einem Humor, bissig wie die Dritten meiner Urgroßmutter; wie habe ich doch beides vermisst! So sehr wie Zahnschmerzen. Kommt dazu, dass er den Charme eines Speichel triefenden Wattebausches hat.

Nach dem anschließenden Totalcheck steht die traurige Bilanz fest: Zahnfäule in rauen Mengen. Drei Karies befallene Zähne oben, zwei unten. Beim 16er-Backenzahn oben muss man gerechterweise von einer zahnbefallenen Karies reden. Daneben wirkt die Kiesgrube von anno dazumal wie ein Mausloch. Dann kommt der Satz, auf den ich gewartet habe: „Fräulein Rai, da müssen Sie mit Hand anlegen!" Lang nur kräftig zu, du Zimt bestäubte Dentaldrossel, du! Spritze brauche ich keine, da schläft einem nur die Zunge ein. Und vor dieser Zahnseidenraupe gebe ich doch nicht den Schwächling; die ist bestimmt nur so *Maharadja* mäßige Machos gewöhnt. Zudem reicht Dr. Haks giftiger Atem als Betäubung haushoch.

Die Behandlung beginnt, der Bohrer surrt, die Speicheldrüsen spritzen, der Zahnstein schmilzt und mein Herz ebenfalls. Zu meinem Entzücken und Wolfgangs Entsetzen steckt mir meine mit Kakao bestäubte Milchzahnschnitte fast die ganze Hand in den Rachen. Ihre Finger sind kühl wie dunkle Eiszapfen. Nur ein Hauch Gummihandschuh, deren bitterer Geschmack an prickelnde Mandelkonfitüre erinnert, trennt mich von meiner kandierten Zahnfee (ich habe zwar noch nie bittere Mandelkonfitüre probiert, aber die wird jetzt wohl bestimmt so schmecken). Dazu mischen sich der Geruch von abgetragenem Zahnschmelz und eine winzige Minzenote vom Gurgelwasser. Die Bernsteinaugen meines Zahnsteinmarders funkeln, und ihr Mundschutz wölbt sich sanft unter ihrem Atem. Das fräsende Geräusch des Bohrers, das sich in meinem Kopf bis in die Haarspitzen spürbar macht, das röchelnde Blubbern des Speichelsaugers und Vivaldis vier Jahreszeiten die aus kleinen Lautsprechern rieseln, vermischen sich zu einem wunderbaren Ganzen.

Anderthalb Stunden und vier Spritzen später sind die Löcher gefüllt und mein Herz gebrochen. Ich habe meinem Karieskakadu versehentlich auf die Flügelspitzen gebissen. Das darauf folgende Brüllen war furchteinflößender als das eines schwarzen Panters. Wie eine tollwütige, heilige Kuh tobte sie durch die Zahnarztpraxis. Während mir der Wolfgang-Stuhlgang fast den Bohrer in den Oberschenkel rammte. Ihre zuckrigen Rehaugen bekamen zunächst einen furchtsamen Schafsausdruck und verzogen sich in der Folge zu greifvogelartigen

Schlitzen, dass mir Angst und Bange wurde. Schlussendlich glich ihr Blick dem eines traurigen Frosches, der den heiß ersehnten Kuss von der Prinzessin nicht bekommen hatte.

Jetzt sitzt sie da, mein kleines Rachenputzerfischlein, wie eine traurige Sumpfdotterblume und hält um ihren Finger ein Stück sterile Gaze, die einen kleinen, roten Punkt aufweist, fast so wie der auf ihrer Honigstirne. Wenigstens haben wir jetzt schon Körperflüssigkeiten ausgetauscht. Als ich die Praxis verlasse, versichere ich ihr erneut, zum vierhundertsten Mal, wie furchtbar leid es mir tue und wie peinlich mir doch das Ganze sei. Zum Abschied zaubert sie ein Lächeln auf Augen und Lippen.

Ich verspreche ihr erneut, es irgendwie wiedergutzumachen, garantiere, nicht die Tollwut zu haben und flöte noch irgendwas von wegen, dass ich schon lange nichts mehr so Schmackhaftes zu beißen gehabt hätte, aber ich ja eigentlich Vegetarier sei (das kommt bei diesen Hindumädels bestimmt gut an). Dr. Stuhlgang verabschiedet sich mit einem flotten „Tschüß Bastian, bis zum nächsten Loch. Immer ein Vergnügen, dir auf den Zahn zu fühlen!" Der kann einem manchmal richtig auf den Nerv gehen.

Im Café

Unten auf der Straße kann ich nur noch an zwei Sachen denken, beide haben fast die gleiche Farbe: Fräulein Rai und ein doppelter Espresso – ein doppelter Espresso und Fräulein Rai. Wie wäre es mit: Fräulein Rai, die mir einen doppelten Espresso serviert. Splitterfasernackt. Mit ihren zarten Jasminhänden oder noch besser: *in* ihren zarten Jasminhänden. In meinem nächsten Leben möchte ich als ihr ayurvedischer Zungenschaber reinkarniert werden.

Essen hat mir der Wolfgang zwar für die nächsten zwei Stunden verboten, Trinken nicht. Nach diesem pikanten indischen Rehschnitzel kommt ein guter, starker Kaffee gerade recht. Ich gehe ins „*Calippo's*", eigentlich eine Cocktailbar, macht aber schon um vier auf, und der Bohnensaft ist passabel. Gleich daneben hat es eines dieser trendigen Kaffeelokale, die sich mit Ahabs 1. Offizier den Namen teilen. Statt einfach nur Kaffee gibt es da rosa Polstersitzgruppen, *Vanille-Cappuccino* und Streuselbeertopping. Da hat man statt dem weißen Wal die schwarzbraune Qual. Moby Dick würde sich in seinem nassen Grab umdrehen. Da trinke ich doch lieber Lebertran. Nach der zweiten Tasse ist die Welt wieder in Ordnung. Die neue, blonde Bardame, mit dem wohlklingenden Namen Priscilla, ist voll auf Flirtkurs. Ich bin leider schon vergeben, Baby. Meine Süßholzgazelle kocht mir heute Abend Curry (schön wär's – dann werde ich mir wohl oder übel eine Pizza aufbacken müssen).

Priscilla fragt mich, ob es denn sehr wehgetan habe, dorthin deutend, wo einmal meine Linke gewesen war. Nach einer haarsträubenden Story mit gierigen Hyänen und Löwen, so voll safarimäßig, wird sie auf einmal ganz bleich um die Nase, schenkt sich einen doppelten Hochprozentigen ein, lädt mich nicht nur zu diesem, meinem dritten Kaffee ein, sondern insistiert, dass auch die ersten zwei aufs Haus gehen würden.

In meiner abgesägten Linken schlummert ja ungeahntes Potenzial jenseits der Invaliden-rente! Darauf war ich ja bislang noch gar nicht gekommen, da ließe sich mit links jede Menge Kohle scheffeln. Aber Betteln liegt mir nicht, die Mitleidsstory ist alt, und zu dreist lügen darf man auch nicht. In meinem Repertoire wäre da unter anderem die bereits erwähnte Kriegsveteranennummer, meinem Frisör habe ich, etwas fantasieloser, erzählt, dass es beim Rasenmähnen, dem Metzger, beim Aktenvernichten im Büro passiert wäre. Der

Barbier, sonst ein ganz Heißblütiger aus Andalusien, wurde aschfahl und hätte mir beinah ein Ohr abgeschnitten. Vom Fleischer bekam ich eine gratis Kalbshaxe (das hätte nur von einem Schweinsfuß überboten werden können).

Meine Großwildstory fasziniert Priscilla dermaßen, dass ich schon bald brünstige Elefantenkühe samt tollwütigen Giraffen reindichten muss. Beim HIV-positiven Marabu wird sie aber doch etwas stutzig. Ich beschließe, dass drei Gratiskaffees besser sind als vier Gratiskaffees, samt einer Gratisohrfeige, und verlasse den Laden. Die Lügengeschichte hat mich richtig inspiriert, dass ich Lust bekommen habe, an Nr. 4 weiterzuarbeiten. Gleich morgen.

Zu Hause

Ich verbringe den Rest des Tages, den Abend sowie die halbe Nacht mit unserer Zeit liebstem Vertreib: Visionen aus der Weite – Sehen ohne gesehen werden – das Fenster zur Welt – Gott in der Kiste. Und sie werden Antennen haben wie eherne Hirschgeweihe, die sich der Nacht entgegenrecken, und der Äther wird das Wort und ewige Bild bergen. Es werde TV! Unseren täglichen Spielfilm gib uns heute! Und führe uns nicht in die Sendepause, sondern erlöse uns von den *Realityshows*! Dein Lieblingsprogramm geschehe; denn dein sind die Talkshows, die Tagesschau und das Frühstücksfernsehen.

Fernsehen; der Eckstein einer jeden fortschrittlichen Gesellschaft. Da ist alles im Kasten. Eine runde Sache im eckigen Design. Wenn man stets im Bild sein möchte, gehört das einfach zum guten Ton.

Gesagt, getan; kurz vor Mitternacht wird es dann auch noch mal richtig spannend. Eine Reportage über osteuropäische Prostituierte. Die sollen dort jetzt zum ersten Mal legal anschaffen dürfen, denn man habe von Gesetzes wegen eine Bewilligung für die Ausübung des horizontalsten aller Gewerbe gekriegt. Einen

Fickschein also. Erteilt nach einem zweitägigen Einführungskurs. Einmal pro Jahr muss da auch so ein Inspektor drüber. Wegen der Norm. Der schaut dann, ob die Geschlechtsverkehrsregeln auch brav eingehalten werden. Beispielsweise müssen bei „Rot" die Stoßrichtung geändert, die Hauptverkehrswege gemieden und auf Alternativrouten zurückgegriffen werden. Ferner gilt das Zuhalteverbot, es darf nicht in die Airbags gebissen werden, wer von rechts kommt, hat Vortritt etc. Geht dann auch alles mit echten Dingern zu, kann so richtig Gummigegeben werden. Bei Alkoholverdacht muss natürlich sofort geblasen werden. Die Ostblocknutten haben auf den Entscheid hin gleich einen „Tag der offen Schenkel" organisiert. Das bringt Huren auf Touren – da feiert der Freier! Alle Kunden wurden auf ein Glas Natursekt eingeladen; die ersten zehn bekamen sogar einen Freistoß. Einen kostenlos geblasen gab's für die folgenden fünf. Die nächsten Zehn bekamen immer noch einen gepustet. Dann war aber Schluss, sonst konnte ja jeder kommen.

Der nächste Report hat es in sich: Dass die von der Kirche, der Katholischen namentlich, nicht ganz sauber sind, so von wegen Inquisition, Kollaboration mit den Nazis, Männer in Röcken etc. weiß man ja zur Genüge. Bilder von halb nackten Heiligen im

100

Gebetsbuch, Wein saufen und ab und zu mal ein kleines Weihrauchpfeifchen schmauchen geht ja alles gerade noch. Aber was ich während den nächsten zwanzig Minuten zu sehen bekomme, bekehrt mich. Ich überlege mir ernsthaft, den Beruf zu wechseln und eine Pfaffenkarriere einzuschlagen.

Der Titel des Beitrags sagt schon alles: „Sex im Kloster!" Na und? Halb so schlimm sollte man meinen; gibt ja schließlich kein Gebot „Du sollst nicht vögeln". Und falls doch, hätten schon einige Würdenträger dagegen verstoßen. Mir ist jedenfalls kein solcher Bibelparagraph bekannt (was jetzt aber gar nichts heißen will, denn ich kenne die anderen vier, fünf Gebote auch nur so halb – irgendwas mit „Du sollst nicht eher brechen, als dass der Tod euch scheidet" und noch was von Vati und Mutti einmal pro Woche anrufen). Sind doch auch nur Menschen, diese Geistlichen! Mit einem kleinen Funken Göttlichem vielleicht. Man nehme ein Teil Mensch (vorzugsweise männlich), eine Prise Myrre, drei Tropfen Blut Christi, dazu ein Schuss heiliger Weingeist, das Ganze gut mixen, im Schwenkkelch mit einem Weihrauchstäbchen garniert, servieren, den obligaten Hostienschnitz am Kelchrand nicht vergessen!

Nun denn: Wenn man also nicht der Kirche, sondern dem Beitrag Glauben schenkt, spielte sich während Jahren hinter den Mauern irgendeines Klosters absolut Skandalöses ab. Wilde Orgien sollen da gefeiert worden sein, und alle wären sie daran beteiligt gewesen. Selbst blutjunge Novizinnen waren da mit von der Partie, hätten ihre Jungfräulichkeit im Kreuzgang feilgeboten und für ein paar Hostien nicht nur dem Bischof den Stab massiert. Und die armen kleinen Messdiener bekamen vom Vikar regelmäßig den Hintern durchgeputzt (deshalb heißt der wohl auch so). Und was passt besser zu einer Orgie als Orgelmusik? Natürlich hatte der Organist zu seiner Belustigung stets einen Chorknaben bei sich, ein sogenanntes Blasebalg.

Unvorstellbare Sauereien sollen da stattgefunden haben. Zu allem Übel und in den Augen des Vatikans besonders schlimm, wird vermutet, dass bei all dem Treiben auch noch Kondome benutzt wurden. Rom untersuche nun den Vorfall aufs Genauste. Es sei mit äußerst drastischen Maßnahmen zu rechnen (Exkommunikation, „persona non grata" im Vatikanstaat, eventuell auch im Paradies).

Verborgen hinter kirchlichem Gemäuer, unsichtbar für Aussenstehende, Nicht-eingeweihte. Einzig im Beichtstuhl vermischten sich die Welten. Dort, wo der Beichtwillige sündentilgenderweise gleichermaßen sein

Gewissen und seinen Geldbeutel erleichtern konnte. Ja, der gute, alte Ablass wurde so nebenbei auch wieder eingeführt. Für so kleinere Sünden. Bei schlimmeren Vergehen konnte man sich, je nach persönlichem Gusto, entweder erst geißeln lassen oder sich durch „innere Salbung" den Teufel rektal austreiben lassen. Und dann blechen. So flog das Ganze denn eines schönen Tages auch auf, als ein Sünder gegen seinen Beichtvater Anzeige erstattete. Komischerweise aber erst nach der dritten Beichte.

Der Opferstock, zusammen mit dem Ablass, brachte ja schon einen anständigen Batzen ein; dies war den Herren der Schöpfung jedoch nicht genug. Not macht erfinderisch – Gier verleiht Flügel. Auf jeden Fall warteten sie prompt mit weiteren Einnahmequellen auf. Wer jetzt ans klassische Merchandising mit Weihwasserflakons, Marienbilder und Minikreuze denkt, der irrt. Wir reden hier von Latexkruzifixen, Ledergeißeln und sonstigem Inquisitionsmaterial (praktisch übrigens auch, wenn Hochwürden mal keinen hochkriegt).

In der klostereigenen Druckerei widmete man sich zudem statt dem Bibeldruck (obwohl Bestseller eigentlich auch ein Ladenhüter) eher gewinnträchtigeren Titeln: Von den Mönchen selbst verfasste Liebesromane mit Titeln wie „Die Wonnenonne", „Heiliger Bimbambumskonvent", „Konfessionskonfessionen" oder „Ich war eine männliche Nonne", um nur einige zu nennen. Aber auch wissenschaftliche Schriften (sind ja fast alles nur studierte Leute dort) wie *„Koitus katolicus"* oder die „Studie über die Stellungen der Missionare" zum Beispiel wurden gedruckt.

Zweifellos die Haupteinnahmequelle war jedoch der illegale Reliquienhandel. Ebenfalls grauer Vorzeit entnommen (unter Angehörigen des Klerus gerne „die gute alte Zeit" genannt), und ebenfalls wieder eingeführt. Mann sollte nicht glauben, was die lieben Leichtgläubigen für ein vermeintliches Stück morsche Arche oder ein krauses Barthaar Jesu hinzublättern bereit waren.

Versuche, auch im Brett- und Gesellschaftsspielemarkt mitzumischen, blieben erfolglos. Niemand wollte „Fang die Tiara", „Schwarzer Pater" oder „Mönch ärgere dich nicht". Projekte wie „Kirchenschiffe versenken", „Tabernakel-debakel" oder die Klerus Edition des „Trivial Jesuit" wurden erst gar nicht verwirklicht.

Rom behauptet, die ganze Geschichte sei ein absoluter Einzelfall und dass da mindestens der Teufel seinen Huf im Spiel gehabt hätte. Einzelfall? Dass ich nicht lache! Hoffnungsloser

Fall schon eher. Religionslehrer, die im Unterricht mal kurz in die Biologie und in die Hosen ihrer Schützlinge abschweifen. Ein Einzelfall, klar doch! Kinderpornos auf dem Pfarreicomputer. Noch ein Einzelfall! Kann ja mal vorkommen, dass man nichts ahnend, auf eine Webpage schliddert, sich so nebenbei tausend *Mega*-Sauereien runterlädt. Alles lauter Einzelfälle! Einzelfall mich am Arsch! Die lieben Triebe lassen sich eben nicht so mir nichts, dir nichts von einer dicken Bibel unterdrücken.

Aber, ehrlich gesagt, mich wundert das ja nicht. Das Buch der Bücher quillt über von Sex; man braucht nur mit schundgeprüftem Blick etwas herumzustöbern. Mit ein wenig Menschenkenntnis und Fantasie wird einer schnell einmal fündig. Angefangen beim Adam und seiner Eva: Nix als Rumpoppen hatten die zwei im Sinn. Klar, dass die Dame der Schöpfung einen Mordshunger bekam. Und was hat wohl der alte Noah auf seinem Kahn so getrieben? Oder besser: mit wem? Alle hat er sie gehabt! Nach dem Weibsvolk und den Jünglingen wurde Deck um Deck gedeckt. Tier um Tier – Rasse um Rasse. Das mit der Sintflut war dem nur eine willkommene Ausrede, um mit seinem bereits seit Jahren geplanten Projekt „*Loveboat*" in See und Tierhintern zu stechen. Von Abraham, dem Urvater, ganz zu schweigen;

der hätte selbst mit einem Burschen Nachwuchs zeugen können. Und das mitten in der Wüste! In Abrahams Schoß war nichts und niemand sicher. Im neuen Testament geht's bumsfidel weiter: Die Tatsache, dass Maria ihre Schlafstätte des Öfteren mit einem Ochsen geteilt hat, ist zwar allgemein bekannt, wird aber oft verdrängt. Der Esel gehörte Josef. Und was bitte schön darf man annehmen, was dreizehn Junggesellen, mitten im Nirgendwo, den lieben langen Tag und vor allem nachts so getrieben haben? Und dann erst noch, wenn ihr Chef eine Schnapsfabrik auf zwei Beinen war. Das *musste* ja ein böses Ende nehmen! Und die Kreuzzüge? Reiner mittelalterlicher Sextourismus.

Am Morgen

Am nächsten Morgen bleiben die spitzen Bleistiftpfeile erwartungsgemäss im Köcher. Der abgestumpfte Robin Hood der Schriftsteller hat heute dienstfrei. Schon wieder!

Ein wunderschöner Tag empfängt mich. Alles erscheint in neuem Licht; alles ist schön. Ich könnte die ganze Welt umarmen! Ich glaube, mich hat's erwischt! Frei nach dem Motto, wem du es heute kannst besorgen, den schiebe nicht morgen, beschließe ich, den Stier bei den Eiern zu packen, die Brunst der Stunde zu nutzen und mein Eisen an sie zu schmiegen, solange ich noch heiß bin. Ich werde jetzt sofort meinen Ersatzonkel anrufen und Fräulein Rais Privatnummer aus ihm herausquetschen, koste es, was es wolle. Bei dem Gedanken beginnt mein Herz zu hüpfen und meine Gedärme zu brodeln. Ist das die Liebe oder bloß das unerledigte Morgengeschäft, das sich da bemerkbar macht?

Der gute Wolfgang ist ja so was von entzückt und rückt gerne Adresse, Telefonnummer und weitere Infos meiner Pistazienraupe raus. Obwohl das ja eigentlich nicht erlaubt sei, wie er meint, tue er es trotzdem, weil er ja vollstes Verständnis habe; sie sei auch wirklich ein süßes Ding. Die alte Sau! Ist der neuerdings unter die Pädophilen gegangen oder was? Früher waren doch nur so walrossartige, elefantenarschige Weiber mit rhinozerosmäßigen Titten sein Kaliber. Der mag es *safari style*.

Sie teile die Wohnung mit ihrem jüngeren Bruder und habe heute ihren freien Tag. Habe ich bereits erwähnt, dass der Wolfgang mein Lieblingsadoptivonkel ist?

Frischen Mutes wähle ich die Nummer meines Tandooritäubchens. Es tutet; mein Herz tutet im Takt mit. Aber mein Kardamomsalamander ist nicht zu Hause. Welche Enttäuschung! Darauf brauche ich erst mal einen großen, starken Kaffee. Vorsichtshalber gehe ich noch kurz auf den Ort, *the place*, und lasse der emporquellenden Liebe den Hinterausgang offen.

Laut chinesischer Medizin gibt es eine direkte Verbindung, per Meridian, vom Dünndarm übers Herz bis hin zum Hirn. Dass viele Leute bloß Scheiße im Schädel haben, wusste ich bereits. Jetzt ist mir klar, warum es bei so manchen in Sachen Liebe nicht so recht laufen will: Das Herz ist einfach zu nah beim, wenn nicht im Arsch!

Nirgendwo sitzt es sich so gut wie auf dem persönlichen Lokus in den eigenen vier Wänden. Die Toilette, einer der wenigen Orte, wo ein Mann noch Mann sein kann. Immer genügend Lektüre zur Hand; Ersatzrollen sind auch stets griffbereit. Mein Klosett muss stets sauber sein, da bin ich äußerst pingelig. *It's a clean machine.* Aus dieser Schüssel könnte man locker seine Cornflakes frühstücken. Oder diese Schokopops.

Wie viele glückliche Stunden ich wohl schon hier abgehockt habe? Mein gutes, altes WC! Was es nicht schon alles schlucken musste! Und das muss es auch können: Wenn es so richtig zur Sache geht, nehme ich kein Blatt vor den Hintern; da kenne ich jetzt gar nichts. Es wird mit allem fertig; schon mit halber Kastenfüllung. Für nichts in der Welt würde ich es tauschen. Kein noch so modernes Dusch-WC mit integriertem Warmluftföhn könnte meinen Thron entthronen. Eine weise Wahl, noch vor dem Kaffee auszutreten. Die Pizza von gestern Abend hat in Rekordzeit bereits wieder das Tageslicht erblickt. Ich bin bekannt als der Mann mit dem schnellsten Darmtrakt im ganzen Westen, kann meinen Schließmuskel 150mal pro Minute kontrahieren und dabei die Titelmusik von „Spiel mir das Lied vom Kot" in allen Tonlagen wiedergeben. Dreilagig, falls nötig.

Im Café

Manolo begrüßt mich eigentlich ganz normal. Sein Blick hat dennoch etwas Geringschätziges an sich. Ob er was vermutet? An meinem Tischlein sitzend, frühstücke ich erst mal ausgiebig. Es gibt Kaffee mit einem kleinen Vollkornkeks. Der Milchkaffee kommt neuerdings immer in Begleitung einer kleinen Süßigkeit. Die Dame neben mir hat ein blau eingepacktes Schokoladekonfekt bekommen; ich so ein doofes Vollkornteil. Mit viel Ballaststoffen; gut für die Verdauung und so. Ob das eine Indirekte von Manolo ist?

Etwas Zeitung lesen, das bringt mich bestimmt auf andere Gedanken. Die einschlägigen Schlagzeilen überschlage ich fachmännisch. Der Wetterbericht kündigt für heute ein Gewitter an. Der sollte demnach Unwetterbericht heißen. Da aber draußen, statt des Regens, die Sonnenstrahlen strömen, sollte man ihn passenderweise in „Wetterunbericht" umtaufen. Wo soll das hinführen, wenn man sich nicht mal mehr aufs Klima verlassen kann? Auf der „Vermischten" steht heute auch gar nichts Gescheites (tut es das jemals?), außer vielleicht der Bericht über einen spanischen Torero, der von einem Stier entmannt worden ist.

Stierkampf ist schon ein komischer Brauch. Ich habe eh nicht viel übrig für Bräuche; ich mag eher Bäuche. Oder Schläuche. Als ob es nicht schon genug alte Brauchtümer gäbe, kommen auch noch laufend Neue dazu, wie zum Beispiel diese elende Mode an Weihnachten alles, aber auch wirklich alles, mit so scheiß Nikoläusen zu verzieren und sich selbst auch noch eine doofe rote Zipfelmütze aufzusetzen, ho ho ho und so, dafür habe ich jetzt gerade gar nichts übrig. Ich mal mir an Ostern ja auch nicht die Eier bunt an!

Im Kulturteil wird über Neuinszenierungen von alten Opern geschwafelt. Ich habe nie verstanden, was an dicken Schwuchteln, die pausenlos, zu klassischem Geklimpere, auf Italienisch herumjohlen, so furchtbar toll sein soll. Im alten Stadtkino beginnt heute eine *Bollywood*-Reihe. Es werden Wieder- und Erstaufführungen von klassischen bzw. aktuellen indischen Spielfilmen gezeigt. Vishnu sei gepriesen! Fräulein Rai wird vor Freude ganz aus dem Häuschen sein, wenn ich sie zu einem Kinoabend *Made in India* einlade. Ich sehe mich schon jetzt mit meinem Sirupskorpion Händchen halten und Popcorn naschen (obwohl beides gleichzeitig bei mir schwierig werden dürfte). Da muss mein Zitronenzobel mich eben füttern. Noch besser als Popcorn: Ich überrasche sie mit Macadamia- und Cashewnüssen aus meinem privaten Stock. Ein perfekter Abend gefolgt von einer noch perfekteren Nacht voll halsbrecherischer Kamasutrastellungen. Also rasch nach Hause, erneut das Telefon gekrallt, Fräulein Rais Nummer wählen (mein Gott – wie lautet bloß die Vorwahl für Indien?) und warten, geil wie eine Wiese, auf dass das Getute durch ihre zarte Fräuleinstimme endlich unterbrochen werde! Ich komme mir vor wie ein Rosalinienwähler in einer Möbius schlaufigen Endloswarteschlange. Warten. Warten. Es läutet, ich warte, es läutet wieder, ich warte immer noch, aber mein Lakritzelurch geht nicht ran. Wo die sich wohl rumtreibt? Dann werde ich mir für heute eben was anderes ausdenken müssen.

Da klingelt es doch tatsächlich bei mir: mein Informatikerfreund ist dran, fragt, ob ich mitkomme zum Bowling; zusammen mit ein paar Freunden mal wieder so richtig auf die Kegel hauen und dabei eine Kugel schieben. Hacki außer Haus? Nur schon deshalb bin ich dabei. Das habe ich schon seit Jahren nicht mehr erlebt. Seine Agoraphobie habe er so gut wie überwunden, bemerkt er ganz nebenbei. Treffpunkt um sechs bei ihm.

Das wird lustig. Ein richtiger Männerabend; na ja ein Halber: Bruno (oder *handsome* Bruno, wie er in gewissen Kreisen auch bekannt ist) ist auch mit von der Partie, und so richtig Mann ist der nun nicht. Schönheit ist nicht alles, sage ich da, und lieber als *handsome* wäre mir *some hand*. Ansonsten sind dabei: Fred der Feuerwehrmann, Steffen genannt „Stoff" (unser Junkie vom Dienst, der seinen Spitznamen nicht umsonst hat), Axel (ein unter krassem Haarausfall leidender, mittlerweile vollkommen glatzköpfiger Ex-Punk, der nun aus gesundheitlichen Gründen das Milieu meidet) sowie Karl Lebowski, genannt Karl der Grüne, Sozialarbeiter von Beruf, Hobbybiogärtner aus Leidenschaft, ausgezeichnet mit dem goldenen Pandabären.

Als Bart- und Nickelbrillenträger mit Vorliebe für unifarbene Wollpullis ist er *der* Bio-Freak schlechthin. Sein berufliches Umfeld kann ihm gar nicht asozial genug sein: Junkies, Prostituierte, jugendliche Schläger: Im trauten Kreise dieser Gestalten fühlt sich der Karl wohl. Da und in seinem Schrebergarten. Auf dem Straßenstrich und im Biogarten ist die Welt eben noch in Ordnung. Vorher hatte er einen Beamtenjob auf dem Ausländeramt, war zuständig für Asyl und Familienzusammenführungen. Er konnte das aber nicht mehr länger mit seinem Gewissen vereinbaren, unter anderem auch der vielen indiskreten Fragen wegen, die er, um Scheinehen aufzudecken, den Leuten jeweils stellen musste. Fragen in der Art von: Wie viele Male machen Sie es pro Woche mit Ihrer Frau?

Wann haben Sie Ihre Gattin zum ersten Mal begattet? Wer war oben? Geht Ihre Frau ab wie eine Rakete oder eher wie ein Heißluftballon? Auf jeden Fall, zusammen mit seiner Frau Heike, studierte Psychologin und jetzt nur noch Vollzeit-Vollblutmutter mit besonders gebärfreudigem Becken, hat er ganze fünf Kinder. Heike ist natürlich auch voll auf dem Biotrip und düngt die Geranien mit ihren Monatsblutungen (wenn sie mal nicht gerade wieder schwanger ist, versteht sich). Sie sagt manchmal im Scherz, dass ihr Mann nicht nur einen grünen Daumen hätte. Das kommt davon, wenn man Mitglied der grünen Partei ist und ständig Grünzeug in sich reinstopft!

Brrrrr – Frischgemüse. Ein fruchtgewordener Alptraum! Das Grauen, das aus dem Schrebergarten kam! Von mir aus hätten wir so evolutionsmäßig von den Jägern ausgehend, die Ackerbauer überspringen können, um direkt im Supermarkt in der Tiefkühlabteilung zu landen. So knalle ich mir denn ein paar Cannelloni Bolognese ins Rohr, gucke währenddessen in die Röhre und verbringe den Nachmittag mit fernsehen, essen und lesen. Bücher! Das Einzige, mit dem ich regelmäßig meine Schlafstätte teile. Lesestoff ist meine Droge. Visuell konsumiert. Intraokular. Das fährt ein!

Bei Hacki

Punkt sechs stehe ich bei ihm auf der Matte. Die Kamera surrt, der Türöffner murrt, die Türe knarrt, und mein Magen knurrt. Schon nach der ersten Stufe wird mir schwindlig; da muss eine Pause her. Die Cannelloni haben ja nicht gerade lange hergehalten. Vielleicht bekomme ich ja hier noch rasch was zu beißen. Aber daraus scheint nichts zu werden, denn er kommt bereits die Treppe runtergepoltert.

Im selben Moment fährt Freds großer, roter Van mit überhöhter Geschwindigkeit vor, stoppt mit quietschenden Reifen und lässt dabei die seitliche Schiebetüre zurückgleiten. Ich präsentiere: das B-Team! Hacki lacht; er liebt es, wenn ein Plan funktioniert. Ich brauche ihm nur die Eingangstür aufzuhalten, während er die vier Stufen hinunterhechtet, keine zwei Sekunden unter freiem Himmel, um direkt in Freds Wagen zu landen. Von wegen Angst unter Kontrolle! Seine Phobien hat der so wenig überwunden, wie ein Schwindsüchtiger die Höhenangst in einem Flugzeug, auf 10'000 Metern loswird.

Kaum habe ich meinen Hintern auf die Rückbank geschwungen, tritt Fred, der

Feuerwehrmann, der eigentlich Feuerwehr-autofahrer ist, aber auch privat einen flotten Fahrstil pflegt, wieder kräftig aufs Gaspedal. An Bord befinden sich bereits Axel und Stoff mit seiner tragbaren Wasserpfeife, die er sich nach einer kurzen, aber herzlichen Begrüßung ansteckt und die Runde machen lässt. Also um Drogen mache ich ja einen Bogen. Ich lehne dankend ab.

Stoff kam schon drogensüchtig zur Welt. Im zarten Alter von drei Jahren rauchte er seine erste Kippe, und seit er fünf ist, kann er beidhändig Joints schrauben. Gleichzeitig versteht sich. Viele seiner Fertigkeiten hat er von seiner Familie erlernt. Der Vater konnte ihn für Hochprozentiges begeistern, Mutter zeigte ihm, wie man Kette raucht, während ihm die ältere Schwester das Nasepudern beibrachte. Der Rest ist Geschichte: Leim schnüffeln im Bastelunterricht, erste Hanfplantage in Muttis Blumenkisten, Musterschüler in angewandter Chemie, Ausbildung zum Apotheker, Studienreise nach Kolumbien und Afghanistan. Mit seinem täglichen Drogenkonsum könnte man eine durchschnittliche Kleinstadt während einer Woche lang *high* werden lassen. Seinen Urin könnte man als Billigdroge in Drittweltländer verschiffen oder in Entzugskliniken als Gurgelwasser anbieten. Die Kanalratten unter seiner Wohnung sind jedenfalls im Dauerrausch.

Dem ausgiebigen Drogenkonsum zum Trotz strotzt er nur so vor Gesundheit und ist nie krank. Ich persönlich vermute ja, dass sich die Bazillen, die ja auch ihren Stolz haben, wegen all der Chemie, die er intus hat, nicht an ihn heranwagen.

Einzig eine wüste Getreideallergie hat er. Was für andere ein simples Stück Brot ist, bedeutet für ihn den raffinierten Tod. Schon lustig: Kiloweise weißes Pulver kann er sich durch die Nase ziehen und in die Venen jagen, aber nur ein Gramm Mehl haut ihn vom Sockel. Schon beim kleinsten Bissen Backware geht er auf wie ein Hefeteig, bekommt ein Gesicht wie ein Streuselkuchen, und das Atmen fällt ihn schwer, als hätte er ein Baguette im Hals. Da kann sich so mancher Hobbyasthmatiker und Möchtegernallergiker eine Scheibe abscheiden!

Mit dabei ist ebenfalls Philips. Fast hätte ich ihn übersehen. Philips ist ein übergewichtiger *Mastino Napolitano*, also Hund, der seiner Rasse alle Ehre macht. Er mag Pasta zum Fressen gern. Ein Riesenbiest mit triefenden Lefzen, so groß wie schweißnasse Bettlaken und mit Kartoffel- statt Augensäcken unter den blutunterlaufenen Augen. Ein Monster von einem Vieh, aber lammfromm zum Glück. Philips gehört Fred; dieser ist bereits vor vielen Jahren auf den Hund gekommen. Bis vor Kurzem hatte er neben

Philips noch eine Mischlingshündin namens Rosi, halb Collie halb Pudel (das wäre dann ein Pollie oder ein Cudel). Ganz im Gegensatz zu Philips hasste sie das Autofahren oder besser: den Fahrstil ihres Meisters und ließ ihn das des Öfteren mit wüstem Erbrechen wissen. Sie war mir vom ersten Tag an sympathisch. Philips liebt sein Herrchen samt dessen rasanter Fahrweise; durch nichts ist er aus der Ruhe zu bringen. Fred nimmt ihn oft mit zur Arbeit. Er ist das Maskottchen von Freds Team. Sein Konterfei ziert nicht nur das Team-T-Shirt und die Team-Tasse, sondern auch den dicken, roten Feuerwehrwagen.

Fred ist Vollblutfeuerwehrmann von der ganz feurigen Sorte. Zu seiner stattlichen Statur gesellt sich ein roter Rauschebart. Die gesunde, rote Gesichtsfarbe verdankt er einem hohen Blutdruck und einem noch höheren Alkoholkonsum. Seine Liebste, die Barbara, ist auch ein richtiger Hitzkopf (sie kommt aus Sizilien) und hat, außer *bambini* zu machen, nur noch Pastakochen als Hobby. Böse Zungen behaupten, sie hätte ihr Geld früher auf der Straße verdient. Beim „Auf-der-Linie-Gehen" eben! Ganz böse Zungen behaupten, sie hätte dies nur als Freizeitbeschäftigung gemacht. Fred plaudert manchmal aus dem Nähkästchen, wenn er einen über den Durst getrunken hat. An den Gerüchten sei jetzt gar nichts dran, seine

Barbara wäre zwar heiß wie ein Vulkan und könne reiten wie eine ovulierende Hunnin und wäre allerhöchstens semiprofessionell gewesen. Also doch Steckenpferd! Wie dem auch sei, ein Kind von Traurigkeit war sie bestimmt nicht und hat außer Trübsal wohl alles geblasen. Aber jetzt ist sie Feuer und Flamme für ihren Feuerwehrmann, hat ihm bereits stolze vier Kinder, ausnahmslos Rotschöpfe, geschenkt. Noch haben die zwei Karls Messlatte (fünf Bälger) nicht erreicht; aber die arbeiten bestimmt daran. Wenn beide Familien so weiter machen, können die zusammen bald eine rotgrüne Ära einläuten und die Weltherrschaft an sich reißen.

Auf allgemeinen Wunsch wird, bevor man den Karl abholt, noch ein schneller Fastfood-Boxenstopp eingelegt. Damit sich der grüne Karl das nicht mit ansehen muss bzw. wir uns nicht wieder eine seiner Karottenpredigten anhören müssen. Die goldenen Bogen! Eine Welt zwischen zwei Brötchen. Der Alptraum aller Kühe. Im Wagen riecht es süßlich nach Ketchup, fettigem Rindfleisch und paniertem Huhn. Axels *Selfmadeburger* (er bestellt sich immer zwei, drei verschiedene Sorten und bastelt sich dann einen Großen) klebt nach einer scharfen Linkskurve an der Windschutzscheibe. Hacki sieht aus, als ob er sein Softeis mit einer Gesichtscreme verwechselt hat. Ich meinerseits habe mir meinen lauwarmen Kaffee übers linke Hosenbein bis in den Schuh gekippt. Philips lässt im Schwanzumdrehen sämtliche Reste in seinem feisten Wanst verschwinden. Sogar halbleere Sauceschälchen werden von seiner waschlappengroßen Zunge mit peinlichster Genauigkeit bis in die hintersten Ritzen ausgeleckt. Dementsprechend klebrig sieht er auch aus. Alle haben wir unser Fett abgekriegt. Alle? Fast alle: Fred bringt es fertig, seinen zügigen Fahrstil locker mit zwei *Burgern* und einem Bier zu kombinieren, ohne dass dabei auch nur ein Krümel, ein einziger Tropfen, sein bärtiges Maul verfehlt.

Nach einem letzten Halt, bei dem wir unseren grünen Freund aufheugabeln, sind es dann noch etwa gut drei Kilometer auf der Landstraße, alles geradeaus, welche wir in weniger als einer Minute zurücklegen. Der aufmerksame Fahrgast merkt spätestens jetzt: Der Van hat einen Turbolader und der Fahrer einen Knall.

Als wir ankommen, ist allen, Lenker und Hund ausgenommen, etwas mulmig zumute. Freds Bemerkung über mein schickes, kaffeebraunes Outfit hätte er sich nun wirklich sparen können. Mit bloßen Füßen erwürgen könnte ich ihn manchmal! Und so was hat einen Führerschein für alles, was Räder hat. Bei ihm

macht der Ausdruck *Chauffeur* mal so richtig
Sinn: Der heizt jeder Karre ein, bis die Kolben
glühen.

Beim Bowlen

Bruno wartet bereits im Bowlingcenter auf uns. Süß sieht er aus in seinem lila Bowlinghemd. Aber auch echt profimäßig. Er sei schon seit etwa einer halben Stunde am Einspielen und nun so richtig warm. Als ob er das nicht schon vorher gewesen wäre. Bruno ist der Traumtyp aller Frauen: Reich, groß gewachsen, intelligent, athletisch, reich, gut aussehend, braungebrannt, reich und stets gut gekleidet. Und reich! Das einzige Problem ist, dass er mit dem verkehrten Geschlecht verkehrt. Schrankschwul vom Absatz bis zur Sohle und eitel bis zum Scheitel wie ein aufgeputzter Pfau. Arbeitslos ist er auch noch, außer man bezeichnet gelegentliches Spermaspenden bei der Samenbank als Job. Der hat seine Samenzelle zur Haupteinnahmequelle gemacht. Des Geldes wegen natürlich nicht, sondern aus reinster Nächstenliebe, wie er selbst sagt. Die ganze Welt solle von seinen hervorragenden Genen profitieren, jede Frau habe das Recht, ein Spitzenkind zu bekommen. Na ja, wenn den Bälgern mit der DNA auch die sexuelle Neigung eingetrichtert wird, ich weiß ja nicht. Da werden wohl einige Mütter ihr Geld zurück verlangen.

Aus guter, wohlhabender Familie stammend (Vater Anwalt, Mutter Mezzosopran) hatte Bruno ursprünglich am Konservatorium Klavier studiert. Als brillantester Schüler seiner Klasse wurde ihm von seinen Professoren schon eine steile Karriere als Konzertpianist prophezeit. Anfänglich gab er denn auch ein paar Konzerte. Er war gerade dabei, sich einen Namen zu machen, als er von einem Tag auf den anderen, nach eigener Aussage, einfach keine Lust mehr hatte. Das Klavierspiel verleidete ihm nach und nach. Gelegentlich gab er noch Privatunterricht, bis er eines Tages von einer unerwartet nach Hause kommenden Mutter dabei überrascht wurde, wie er dem Sohnemann statt dem „in die Tasten Langen" das „in die Hose Langen" beibrachte. Er hatte den Musik begabten Jüngling statt fürs Klavierspiel eher für Blasinstrumente begeistern können. Es kostete seinen Papa einiges an Geld und Überredungskunst, um ihn den Fängen des Gefängnisses zu entreißen.

Als Gegenleistung brauchte Bruno ihm nur zwei Dinge zu versprechen: 1. Nie wieder ein Klavier anzufassen (komischer Wunsch das!), 2. die Stadt, am besten gleich noch das Land, aber auf jeden Fall die Familie auf Nimmer-wiedersehen zu verlassen. Ein schöner Batzen sollte ihm das Ganze noch schmackhaft machen. Und da ist er nun. Neue Stadt, neues Glück!

Über die Landesgrenze hat er es nicht geschafft. Mit seiner Mutter und der Schwester trifft er sich einmal im Monat in Milano zum *Shoppen*. Wenigstens hat er sich an ein Versprechen gehalten.

Vor Kurzem hat er eine langjährige Beziehung hinter sich gebracht und bringt nun fast täglich eine Neue hinter, unter oder vor sich.

Wir wechseln unsere Schuhe gegen ein paar schweißige, alte Latschen und lassen uns Bahn Nr. 8 geben Als Einziger mit dem Tauschhandel hochzufrieden ist der Stoff. Was für tolle Treter das doch wären und wie neu! Verglichen mit seinen alten Stinkern ist da was dran. Bruno hat natürlich sein eigenes maßgefertigtes Schuhwerk. Eine Profikugel führt er natürlich auch mit.

Bevor wir loslegen, bestehen Axel und Fred darauf, erst mal ein paar Biere zu zischen. Gesagt getan! Anderthalb Stunden, unzählige Flaschen Bier und fünf Espressi später fangen wir endlich mit dem Spielen an. Stoff ist während der letzten Stunde mindestens dreimal im Männerklo verschwunden und jedes Mal mit noch roteren Augen und weißerer Nase zurückgekommen. Die ganze Truppe ist also, jeder auf seine Art, recht angeheitert. Wie sich später herausstellen sollte, war der liebe Stoff jedoch der Meinung, dass in meinem Falle nur Koffein eindeutig zu wenig zu meiner Stimmung beigetragen hätte.

Nun denn, das Spiel beginnt! Nach drei Würfen liege ich vorne, wenn Bruno nicht wäre. Axel und Fred sind so breit, dass sie fast nichts treffen; der Stoff hat ganze zwei Punkte, amüsiert sich aber, wie könnte es anders sein, wie ein Schneekönig. Karl, nach fünf Flaschen Biobier auch nicht mehr ganz nüchtern, will sich unerwartet verabschieden, er müsse dringend einen Blumenstrauß auftreiben, da heute sein Hochzeitstag sei und er dies total vergessen habe und ihm die Heike das sonst nie verzeihen werde. Allgemeine Aufruhr! Es wird demokratisch entschieden, dass der Karl bleiben muss und alle gemeinsam nach dem Bowlen noch ein paar Biotulpen pflücken gehen. Oder Ökonelken. Oder was man sonst eben so einer Psycho-Biobraut offeriert. Ein Strauß Neurosen vielleicht? Karl lenkt ein – alle grölen. Darauf wird gleich mit einer neuen Runde Bier und einem doppelten Espresso angestoßen!

Auch ich fühle mich zunehmend beschwingt, mein Spiel wird von Mal zu Mal besser. Die Finger passen auf perfekte Art in die drei Löcher, der Wurf ist locker und flüssig, die Kugel schnürt stracks den beinahe von selbst um purzelnden Kegeln entgegen. Selbst die zuvor unbequemen Schweißlatschen sind plötzlich samtweich. Alles um mich und in mir kommt mir so ganz zwanglos vor. Alles fließt und geht von selbst. Mit ein paar Freunden zusammen ein Spielchen zu machen, scheint mir einfach das Beste zu sein, was es gerade auf dieser Welt zu tun gibt. Alles ist perfekt, hier und jetzt, und alle sind wir voll gut drauf. Ich könnte die ganze Welt umarmen!

Als ich gerade, so mitten in der zweiten Runde, einen richtig *smoothen* Superwurf hinlegen will, passiert es. Mein Herz fängt an, zu rasen, der Schweiß strömt in Strömen, mein Gedärm explodiert.

Mein Blick ist starr. Ringsherum prasseln die Kegel. Im Zeitlupentempo rutscht mir die Kugel aus den schweißnassen Händen (ja, sogar die Linke schwitzt!) und knallt lautstark zu Boden. Wer nicht schon vorher hingeschaut hat, tut es jetzt. Allen um mich herum stockt der Atem, noch bevor sich die giftigen Gase in die weit offen stehenden Mund- und Nasenlöcher schrauben können. Dann weicht das Zuckerwattenrosa plötzlich pechschwarzer Dunkelheit.

Als ich wieder zu mir komme, liege ich im Van auf der Rückbank, ohne Hosen, in Philips

Decke eingewickelt. Der Rest der Truppe, inklusive Hund, hält sich gedrängt in den ersten zwei Sitzreihen, in sicherer Entfernung, auf und beobachtet mich mit neugierigen, aber auch etwas ängstlichen Blicken. Ob es denn wieder gehe und mir nichts weh tue, und ich solle doch noch unbedingt etwas Wasser trinken. Ganze vier Flaschen bieten sie mir an und erklären, dass ich einen kleinen Unfall gehabt hätte und kurz umgekippt wäre. Unfall? Ist alles noch dran an mir? Oh mein Gott – die linke Hand fehlt!

Was denn genau passiert sei? Sämtliche Augenpaare richten sich auf Stoff, selbst Philips mustert ihn abschätzig. Im selben Moment meldet sich das luftig leichte Gefühl zurück, und das Ganze läuft wie ein Film vor mir ab. Das wäre der Flashback, meint Stoff. Wieso Flashback? Und überhaupt müsste ich dazu nicht vorher Drogen konsumiert haben? Stoff beginnt, unter den strengen Blicken aller Anwesenden zu beichten: „Vater, ich habe gesündigt und meinem Freund flüssiges *Ecstasy* in den Kaffee geträufelt. Amen." Das sei eigentlich überhaupt nicht gefährlich, denn er habe das selbst vorher schon viele Male ausprobiert und sogar an seinem Albinohasen (der übrigens fast so rote Augen wie sein Besitzer hat).

Als einzige Nebenwirkung könne es etwas abführend wirken, aber sonst echt harmlos, außer man hätte vielleicht eine Allergie oder so, aber sonst völlig unbedenklich, und das müsse der Schock gewesen sein, so in aller Öffentlichkeit, von allen beobachtet sein Geschäft zu verrichten, der mich umgehauen hätte.

Also unbewusst Bewusstseins erweiternde Drogen konsumiert. Da soll mir jetzt noch einer mit dem Placeboeffekt kommen. Und was darf ich bitteschön unter „etwas abführend" verstehen? Zahnschonende Pfefferminzbonbons wirken bei übermäßigem Konsum leicht abführend; das Zeug hier hat mein Innerstes förmlich nach außen gestülpt und den Darmtrakt einer chemischen Reinigung unterzogen! Und aus purer Scham wäre ich umgekippt, weil ich, wie hat er doch gleich gesagt, öffentlich mein „Geschäft verrichtet" hätte? Das war kein Geschäft, das da abging, das war der verdammte Krieg der Därme! Auf dieser Bowlingbahn hat es sich für mich ausgebowlt. Da kann ich mich auch ohne das lebenslängliche Hausverbot niemals wieder blicken lassen. Stoff ist untröstlich, und mir ist auf einmal alles wurscht. Der nächste Flashback ist da.

Zu Hause

Nichts geht über die eigenen vier Wände. Meine Hosen waren nicht mehr zu retten; ich sollte bei der nächsten Gelegenheit ein neues Beinkleid kaufen. Alles ist soweit wieder im grünen Bereich, nur ein fahler Geschmack im Mund ist geblieben. Und so ein prickelndes Gefühl im Unterleib, das sich von Zeit zu Zeit meldet, mich vorsorglich von der Couch Richtung Badezimmer hechten lässt.

Es ist nach zehn, ich sitze vor dem Fernseher. Eigentlich versuche ich, mir einen Film anzuschauen, aber irgendwie schaffe ich es nicht so recht. Nach fünf Minuten Film kommt auch schon die erste Reklame. Kaum geht es weiter muss ich zu einer äußerst dringenden Sitzung (bei mir geht das Geschäft eben vor). Ich schaffe es gerade noch rechtzeitig zurück zum nächsten Werbeunterbruch. Geschlagene zwanzig Minuten und unzählige Tampons-Spots später klingelt das Telefon, der gute Hacki ist dran und will sich nur kurz nach meinem Wohlbefinden erkundigen. Kaum eingehängt, wieder auf dem Sofa, beginnt auch schon der nächste Werbeblock. Und da sitze ich nun und frage mich: Wird da Film mit Werbung oder Werbung mit Film unterbrochen? Zum

Unterbrechen finde ich das! Wie viel Werbung erträgt ein Mensch? Konsumiert er nicht schon von sich aus alles Nötige bzw. Unnötige? Braucht es diesen Ansporn, ständig etwas Neueres, Besseres, Schöneres, geiler Machendes besitzen zu wollen wirklich? Und wie! Werbung wäscht die grauen Zellen weißer, als es jedes Waschmittel kann. Porentief!

Reklame sei Dank kann selbst altbekannter Schrott, jeder nur denkbare Scheiß, wieder und immer wieder unters Volk gejubelt werden. Die Werbung macht's! Einfach das Ganze hübsch einwickeln, einen tollen Spot abdrehen, und schon reißen sich die Leute darum. Falls einmal der Absatz nachlassen sollte, das Zeug einfach neu besohlen. Flugs frisch verpacken, einen poppigen Zusatz wie „mega", „ultra" oder „super" drauf, die Scheiße wird zur Turboscheiße, noch rasch einen neuen Spot, und schon mausert sich der einstige Ladenhüter zum Kassenschlager.

Und wenn gar nichts mehr geht, mach es wie die Franzosen: Ein paar Titten drauf, und der Zaster fließt wieder. Hach, die gute alte *publicité* der *grande nation* aus den 80er-Jahren, wie ich sie vermisse! Da hat Werbung noch Spaß gemacht! Das waren noch die Zeiten, als Twix noch Raider hieß. Von den Franzosen kann man sich werbetechnisch noch heute eine dicke

Scheibe abschneiden. Was zeigt der Franzose, wenn er ein Auto verkaufen will? Natürlich den flotten Schlitten, klar doch, aber was darf auch nicht fehlen: ein nacktes Mädchen (französische Fahrzeuge haben übrigens neben der Knautschzone noch eine Knutschzone, hinten, auf dem Rücksitz). Bei, sagen wir mal, Yoghurtwerbung, was bekommt man da zu sehen? Den Yoghurt und ... Richtig! Ein nacktes Mädchen! Putzmittel: *same story*. Bei Duschgels und Deos müssen mindestens zwei nackte Mädels her.

Haben die Werbefachmänner von heute denn wirklich vergessen, wie sehr Sex *sells*? Früher oder später werden wir von diesem heute ach so gängigen prüden Gehabe abkommen, nur um ins andere Extrem abzudriften. Ich prophezeie blanke Brüste statt Kuheuter auf allen Milchpackungen und Frühstücksflocken mit Genitalien drauf! Und bis es soweit ist, muss sich die Menschheit eben mit den gegen- und widerwärtigen Werbebotschaften begnügen. Wenn es nach mir ginge, könnte man jegliche Art von Werbung ab sofort unterbinden. Auf jeden Fall, bis wir in der Phase mit den Geschlechtsteilen auf Marmelade & Co. sind (ich sehe jetzt schon die Etikette der Pflaumenkonfitüre vor mir).

Es gibt heutzutage einfach zu viele Produkte und für zu viele Produkte zu viel Werbung. In diesem Supermarktdschungel muss man teuflisch aufpassen. Bei diesem Überangebot kann es gut und gerne zu Verwechslungen kommen. Da willst du dir ein Gurgelwasser kaufen, und ehe du dich versiehst, hast du einen Allzweckreiniger mit Superzitrus im Hals.

Dazu kommt, dass sich Otto Normalverbraucher bei vielen Sachen einfach nicht mehr sicher ist, für was das Zeug im Grunde gut sein soll. Ja, wirklich wahr; man kauft ein, ohne genau zu wissen, auf was man sich da eingelassen hat. Sieht gut aus, hat einen fetzigen Namen – husch ins Körbchen! Ich hab mir mal ein vermeintliches Aftershave gekauft, das sich als Pfefferminzlikör entpuppt hat. Beim Kauf des neusten, ultramodernsten Nassrasierers wird man das komische Gefühl, gerade eben einen Minivibrator erstanden zu haben, auch nicht so einfach los.

Sehr verwirrend und wenig kunden-freundlich das Ganze! Da helfen all die abgefahrenen Produktnamen samt mitreißenden Slogans auch nicht weiter. Denkt ein normaler Mensch bei „Einmal gepoppt, nie mehr gestoppt" wirklich als Erstes an Kartoffelchips? Und was ist mit diesem Branntwein der, dem Namen nach, ein besserer Gartendünger scheint?

Ob er auf das Hirn wohl auch den gleichen Effekt ausübt wie Kunstdünger? Was schmeckt besser? Warum gibt es unzählige Duschgels mit furchtbar lahmen Namen wie „Dusch-Mich" und „Bade-Was"? Wenn es schon etwas in dieser Art sein muss, warum dann nicht gleich ein provozierend frisches „Wasch-Dich!"?

Nicht zu vergessen all die Waschmittelmarken. Allen voran ein Produkt, dessen französischer Markennamen auf gut Deutsch „Petersilie" bedeutet (wo wir beinahe wieder beim Gartendünger angelangt wären). Man stelle sich mal vor, die lieben Nachbarn hätten einen Weichspüler, der Schnittlauch heißt. Wo kämen wir denn da hin?! Und dieses Zeug mit dem Schaf drauf? Das tönt jetzt ja wohl wirklich nach samtweicher Schafscheiße, und wer will seine Wäsche schon in Schafscheiße tunken? Und wenn schon ein Waschmittel mit jüdischem Vornamen, wieso dann nicht ein Samuel? Oder Shlomo? Überhaupt, wie viele Neonazis haben eigentlich keinen blassen Schimmer, dass sie ihre Wehrmacht-T-Shirts und kreuzhakigen Armbinden einem unartig unarischen Waschpulver anvertrauen? Sie baden gerade ihre braunen Hemden drin. Ich frage mich, wie lange es dauern wird, bis ein nach deutschem Reinheitsgebot gebrautes Gegenstück auf den Markt kommt. Adolf – für Braunes, das Beste.

Wäscht ethnisch sauber und porentief rein. Sogar tief Schwarzes erstrahlt in hellstem Weiß. Adolf erklärt selbst hartnäckigstem Schmutz den totalen Krieg! Heizen Sie Ihrem Reichswaschtag auch schon bei niedrigen Temperaturen ordentlich ein: Adolf – das mit dem Hakenkreuz drauf. Die Endlösung für die Fleckenfrage. Wahrlich ein flottes Pulver und dann erst noch vom führenden Waschmaschinenhersteller empfohlen. Adolf – da weiß man, was man hat! Na dann, gute Nacht!

Am allerschlimmsten aber finde ich Tampons- und Monatsbindenwerbung. Die Mädels sind da immer so enorm gut drauf. Da wird man fast neidisch, dass man selbst keine Tage hat. Die Weiber strotzen da nur so vor Energie und Tatendrang. Und das auch an ihren Problemtagen, nein: *besonders* an Problemtagen. Dauernd sind die am *Biken* und *Surfen*; Hauptsache nur, der gepolsterte Sitz wird nicht voll geblutet, und es werden keine Haie angelockt. Die hätten am liebsten nicht ihre Tage, sondern ihre Wochen. Ach, was sage ich, Dauerblutung! Wieso nicht jeden Tag seine Tage haben!

Über so viel werbetechnischem Fachsimpeln fällt mir beinahe nicht auf, dass der Film bereits zu Ende ist, die Wiederholung der Nachrichten soweit auch schon durch und bereits das Wetter dran ist. Aber irgendetwas stimmt da nicht. Die Satellitenbilder sind noch da, die Wetterkarte auch. Temperaturskala – check! Niederschlagstabelle – check! Fette Qualle am rechten Bildschirmrand – check? Was hat dieses Ungetüm von Ansagerin auf meiner Mattscheibe (die soeben noch viel matter geworden ist) zu suchen? Wo bitteschön ist meine süße Meteomaus; mein allerliebstes Wetterfröschlein? Ausgetauscht haben die sie, meine kleine Wetterfee, gegen eine dicke Unwetterhexe! Was haben die sich bloß dabei gedacht, so ein Ding anzustellen und meine Klimaschnecke einfach so mir nichts dir nichts in die Wetterwüste zu schicken! Meine kleine Windbraut! Mein zuckriges Wattewölkchen!

Nie hat das arme Schönwetterkind auch nur ein einziges Regentröpflein angekündigt. Wie elegant sie doch auf dem *bluescreen* immer Nordeuropa umkreist und dabei jedes Wölklein verscheucht hat. Nun ist sie weg, meine Nimbostratonymphe; vom Winde verweht. Einfach fort! Und mit ihr das stete Hochdruckgebiet in meiner Windhose. Wo mag bloß mein blondes Windröslein sein? Bei meinem nächtlichen Sonnenschein ging es selbst im tiefsten Winter stets heiß zu und her. Während man sich mit diesem neuen Etwas das ganze Jahr über auf Temperaturen um den Gefrierpunkt gefasst machen sollte. Wenn die fette Schachtel hier ein blaues Kleid anzieht, könnte der Wetterbericht für ganz Afrika darauf projiziert werden. Für einen ganzen Monat!

Und da! Kaum im Flimmerkasten schon kündigt sie, *es*, auch schon schlechtes Wetter an. So etwas hätte meine Azorenhochamazone nie gemacht! „Und nun die Vorhersage für morgen, Samstag." Jetzt fängt sie auch noch an, zu reden, will sagen: zu grunzen! „Ein Trief über Italien sorgt zunächst für heftige Gezwitter." Das ist ja nicht zum Aushalten! „Starker Grind aus Südost stößt auf feuchte Polarschluft." Hab Erbarmen, oh mächtiger Thor, und streck sie, *es*, mit einem Blitz nieder! „Morgen vereinzelte Schauder, sonst eiter bis wulstig." Oh, graus! Ich werde nie wieder etwas essen können! Vor dem Schlafengehen bete ich, seit Langem das erste Mal, auf dass meine Regenbogenforelle zurückkommen und die Neue, *das* Neue, bald den Schirm zumachen möge.

Am Morgen

Am nächsten Morgen ist alles vergessen. Man sagt ja, dass Drogen vergesslich machen, da hätten wir also den Beweis. Scheint aber auch irgendwie eine Volkskrankheit zu sein. Sei's drum! Ein neuer Tag – ein neues Glück! Erst mal einen Kaffee, also auf zu Manolo!

Der erste Milchkaffee hat noch immer so einen *Ecstasy*-Beigeschmack. Beim dritten Espresso ist die Kaffeewelt wieder in Ordnung. Die Zeitung durchschmökernd, fällt der Schund geschulte Blick auf einen Artikel über einen japanischen Fotografen, dessen Bilder ab morgen in irgend so einer trendigen Galerie ausgestellt werden. Gezeigt wird eine Sammlung von Momentaufnahmen weiblicher Geschlechtsteile. Der schießt seine Bilder ohne Stativ, dafür mit Ständer, deshalb nennt man ihn in Künstlerkreisen auch Nippons Dreibein. Diese Japaner sind doch alle Ferkel! Allein schon wie die sich am Telefon melden: Als ob mich deren Muschimuschi was kümmern sollte! Da hat es für meinen Geschmack doch ein paar Schlitze zu viel. Und dann erst diese Lolitashops, wo man sich all die Sauereien reinziehen kann. Für Höschen in Döschen und Exkremente in Tuben sind die bereit, ein Vermögen hinzublättern. Da kannst du mit einem Restposten Billigtangas, stückweise am Hintern gerieben und anschließend als „von vierzehnjähriger Jungfrau eine Woche lang getragen" verhökert, locker zum Yen-Multimillionär werden. Kommt mir in den Sinn, ich sollte die Idee von der Kommerzialisierung meiner Morgentoilette doch noch in Angriff nehmen.

Unter Vermischtem, meiner absoluten Lieblingsrubrik, hat es heute wieder einmal eine ganz lustige Geschichte: Prostituierte schlägt Freier mit Stahldildo spitalreif. Das sagt doch schon alles. Laut Aussage des leichten Mädchens habe sich der Freier zu viele Freiheiten erlaubt (darf man bei einer 130kg Monsternutte . eigentlich noch von einem „leichten Mädchen" sprechen?). Als sie also gerade so richtig dabei gewesen wären, hätte der Typ angefangen, sie zu beißen, wäre dann erst richtig grob geworden und hätte ihr vor die Titten getreten, worauf sie sich das erstbeste Teil, was da so herumlag, gekrallt und es ihm über den Schädel gezogen hätte. Elfmal! Die Tatwaffe hätte sie aus dem Fenster in den Vorgarten geworfen.

Gefunden hat die Polizei nichts. Möglicherweise hat sich ja jemand aus Versehen daraufgesetzt und hat das gute Stück jetzt im Sitzfleisch stecken. Oder eine fünf Kilo Elster hat ihn sich gekrallt. Nun denn, die Geschäftsfrau sitzt jedenfalls hinter Gittern, der Kunde liegt auf der Intensivstation, und der Vibrator vibriert irgendwo bis ans Ende seiner Batterien. Möge ihm der Saft nie ausgehen! *Supertoys last all summer long.*

Also Prostitution und sich für Kohle auszuziehen, hat ja schon etwas Anziehendes. Wenn mir mal wirklich die Knete ausgehen sollte, könnte ich mir gut vorstellen, auch in dieses Metier einzusteigen. So nach dem Motto: Wird die Invalidenrente gestrichen, geht's ab auf den Strich! Natürlich nicht persönlich; Dingfeilbieten ist nicht mein Ding. Ich würde mir eher einige Asiatinnen zum Anschaffen anschaffen, die soll es zurzeit sehr günstig geben, und Exotisches ist eh schick. Oder ein paar rassige Russinnen. Bloß noch Einreiten die jungen Fohlen, und dann rollt der Rubel. Nein, wohl eher doch nicht; dann doch lieber Unterhalter als Zuhälter.

Den Rest vom Vormittag lasse ich bei einem lauwarmen *Latte macchiato* leise ausklingen. Nach dem dritten Schluck bemerke ich ein relativ langes Haar im Glas. Nach der Farbe zu schließen könnte es glatt von mir sein, wenn es nur nicht so lang wäre. Zum Vergleich reiße ich mir ein Probehaar vom Scheitel und siehe da: Die gleichen sich aufs Haar! Da bin ich doch glatt über Nacht zum Hippie geworden. Und das ganz ohne Drogen (vom gestrigen, unfreiwilligen Ausrutscher einmal abgesehen). Ein Haarschnitt tut Not.

In meiner Straße hat vor Kurzem einer dieser hippen Hoppläden aufgemacht, wo man sich gleichzeitig die Haare schneiden lassen, Rappmusik kaufen und einen Joint reinziehen kann. Einer dieser *Niggastores* eben, im Jargon auch als „Schoko-Laden" bekannt. Warum also nicht mal auf einen sauberen Haarschnitt dort vorbeischauen? Der Schuppen sieht nicht übel aus, etwas rauchig, aber sonst ganz o.k. Um nicht unnötig aufzufallen, kommuniziere ich in ortstypischem Slang: „Yo, Bruder – *wasupmen*, kannste mir eben mal auf die Schnelle die Locken glätten, ey?" Meine langen Haare würden beim *Breakdance* ungemein stören, und ob er denn auch schon die Neue von Public Enemy gehört habe.

Der schwarze Mann im weißen Kittel bleckt seine vom Rauch gelb verfärbten Zähne und verweist auf eine Warteliste mit halb Afrika drauf. Da könne ich warten, bis ich schwarz werde.

Dann lasse ich mir eben *dreadlocks* wachsen. Oder gehe doch wieder zu meinem altbekannten Barbier von Sevilla. Aber vorher schaue ich noch schnell beim Solarium vorbei, die optimale Bräunung anstreben! Hätte ich unter Umständen schon früher machen sollen.

Im Sonnenstudio

Zur Abwechslung geht's ins „Olympia", eigentlich ein Fitnesscenter, hat aber auch ein anständiges Solarium. Gleich neben der Saunalandschaft. Einziger Nachteil vom Olympia ist, dass es gerade nur mal vier Kabinen hat. Und die sind jetzt alle besetzt, nein, eine Tür hat halb Grün am Knauf.

Ich lasse sie aufschwingen, und was liegt da vor mir auf der halb zugeklappten Sonnenbank? Ein etwa sechzehnjähriges Mädchen, ohne Schutzbrille, dafür mit Kopfhörer. Sie summt zur Musik aus ihrem Walkman oder I-Schrott oder wie immer diese Dinger heutzutage heißen. Das Kind sieht mich, ich erwarte das große Gekreische und Gezeter, sehe schon die Schlagzeilen: Solarium-Schänder hat wieder zugeschlagen! Spanner-Krüppel belästigt Minderjährige im Sonnenstudio. Moment mal, was heißt da „wieder", und ins Solarium darf man doch eh erst ab achtzehn! Zu meinem Erstaunen stöpselt sich das Gör aus, um mir ein knappes „Besetzt" zu entgegnen, legt sich wieder hin und summt weiter.

Ja, wo gibt es denn so was! Jetzt brauche ich erst mal einen verdammt starken Kaffee. Die heutige Jugend! Und wir dachten, wir wären Rebellen gewesen. Frech wie Rotze und dann erst noch mit rasiertem Schritt. Zu meiner Zeit konnten wir es kaum erwarten, die ersten krausen Büschel sprießen zu sehen. Voller Stolz wurde die neuerworbene Haarpracht beim Duschen, nach dem Sportunterricht, den Kollegen präsentiert. Die Mädels ließen ihr Gestrüpp wachsen, was das Zeug hielt. Natur pur; *the sky was the limit.*

Ich finde ja Intimbehaarung schön und gut, aber auch nur, bis sie aufhört, intim zu sein. Ein kleines Bisschen sollte man seinen Pelz ja schon im Zaun halten. Spätestens, wenn sich Achsel- und Arschhaare begegnen, wird es Zeit, sich zumindest mal die Spitzen zu trimmen. Die Teenies von heute hingegen sind von einem Extrem zum anderen übergegangen: Kaum sprießt es zwischen den Schenkeln, wird das Ganze auch schon drei- oder viereckig zurechtgestutzt oder ganz kahl geschoren.

Und *gepierct* wird, was die Lippen halten. Keine Ahnung, was an Schrott im Fleisch so toll sein soll! Axels Ex, die Käthe, fuhr auch voll

auf *piercings* ab. Die ließ jedes Altmetall-
händlerherz höher schlagen. Bei der piepte es
und zwar nicht nur im übertragenen Sinn. Wenn
die am Flughafen durch den Metalldetektor
marschierte, läuteten alle Glocken Sturm. All
die Ringe, Stäbchen und sonstiges Zeugs würden
beim Vögeln unheimlich stimulierend wirken,
meinte sie. Für wen? Frankenstein? Oder seine
Braut? Wohl bekomm's! Wenn es zur Sache
geht, will ich guten, alten Geschlechtsverkehr
und keine perforierte *Performance*. Das kann ja
einfach nicht gesund sein, so was. Wenn beide
so Zeug tragen, wird es erst richtig gefährlich:
Man stelle sich bloß mal vor, was passiert, wenn
die gerade so krass am Abrammeln sind und sich
da was verhakt!

Axel selbst hat ja keine *piercings*, auf jeden
Fall keine sichtbaren. Zu seinen besten Punk-
Zeiten hatte er gerade mal eine Sicherheitsnadel
durchs Ohr. Der muss auch immer an so ganz
abgefahrene Weiber geraten; vor der Käthe war
es eine, die einen Badezimmertick hatte. Die
wurde sozusagen nur in Nasszonen feucht und
ließ ihn nur ran, wenn er sich als Seifenspender
oder Zahnpastatube verkleidete. Bürsten durfte
er sie nur, wenn er ihr dabei die Haare kämmte
oder den Rücken schrubbte und dabei gurgelte.
Seither hat er panische Angst vor WC-Bürsten,
weiß der Teufel, warum. Als sie ihn aufforderte,
auch noch ihr Tampon zu sein, wurde es ihm zu

viel, und er machte einen auf Monatsbinde und flog davon.

Der gute Axel – wenn man ihn heute so sieht, traut man ihm seine wilde Vergangenheit gar nicht zu. Richtig bieder sieht er aus, vor allem, wenn er zur Arbeit geht (er ist Filialleiter eines kleinen Supermarktes). Aber innen drin ist er immer noch der alte Revoluzzer.

Wohnen tut er in einer abgelegenen, alten Villa, die früher einmal *der* Treffpunkt der Punkszene war. Wilde Partys und Konzerte waren dort an der Tages- oder besser Nachtordnung. Schrille Punks und schräge Vögel gaben sich die Klinke in die Hand. Heute teilt Axel seine Bleibe mit ein paar anderen schrägen Vögeln. Er hat nämlich eine Schwäche für Federvieh, will sagen: Er fliegt auf Vögel.

Gut und gerne hundert Flügelpaare leben unter seinem Dach; der erste Stock ist ihr Revier und gleicht entsprechend einer einzigen, großen Voliere. Da ist vom Ara bis zum Zebrafink alles vertreten. Das Spezielle an seiner geflügelten Sammlung ist jedoch weder die große Anzahl noch die Artenvielfalt, sondern, dass die meisten seiner gefiederten Hausgenossen ein körperliches oder geistiges Gebrechen haben. Sprich, sie haben einen Vogel oder eben sonst irgendein Manko.

144

Axel, selbst ein Außenseiter, hat nämlich nicht nur ein großes Herz für gefiederte *underdogs*, sondern auch einen heißen Draht zum städtischen Tierheim. So landen alle Piepmätze die, aus welchem Grund auch immer, ausgesetzt oder im Heim abgegeben wurden und nicht mehr weitervermittelt werden konnten, früher oder später in Axels Nest.

Darunter gibt es einige ganz besonders kuriose Zeitgenossen wie zum Beispiel: ein zweiunddreißigjähriges Graupapageienweibchen in Dauermauser, ein blinder Beo, der *scatten* kann, ein schwules Nymphensittichpärchen, ein Albinomohrenkopfpapagei, eine Schar krebskranker Wellensittiche, ein Gelbhaubenkakadu mit Federhaubenstörung (sprich permanent gesträubten Kopffedern, der ideale Vogel für einen Punk mit Irokesenfrisur), einen Kanarienvogel mit Ikarussyndrom (er donnert mit Vorliebe in jegliche Art von Lichtquellen), eine stocktaube Stockente sowie ein einbeiniger Buntspecht.

Für das Wohlbefinden seines Geflügels scheut Axel keine Mühen; der würde sogar einen Uhu nach Griechenland tragen. Allein schon für das Vogelfutter gibt er ein Vermögen aus. Bleibt nur zu hoffen, dass sich nicht auch noch der Pleitegeier bei ihm einnistet.

Die meisten seiner alten Kumpels glauben, er habe eine Meise, dabei fehlt ihm gerade die noch in seiner Sammlung. Axel ist das piepegal was die anderen von ihm denken. Er pfeift drauf, zeigt ihnen den Vogel und geht einen zwitschern, denn ein Schluckspecht ist er trotz allem geblieben.

Genau genommen hatte Axel ja bereits früher einen Vogel, aber eben nur einen: Dörte, das Buntkopfzwergpapageienweibchen. So wie andere Szenegänger sich eine mausgraue, nullachtfünfzehn *bodyrat* als Haustier hielten, war Axel stolzer Besitzer eines *bodybird*. Dörte begleitete ihn auf Schritt und Tritt. Und als ob der Vogel nicht schon von Natur aus farbig genug gewesen wäre, verpasste Axel seinem Federputz einen flotten, punkigen Anstrich. Dörte war überall mit dabei, sie ließ kein Konzert, keine Party aus und trank schon mal gerne einen Schnabel oder zwei von Axels Bier. Das alles sollte ihr schlussendlich zum Verhängnis werden. In jener traurigen Nacht, als das Unglück seinen Lauf nahm, wurde eine besonders wilde Party gefeiert. Mit dabei natürlich Dörte. Axel ließ sie zu später Stunde nur mal kurz alleine am Tisch zurück; da passierte es. Dörte ertrank in einem halbvollen Maßkrug Bier und ward fortan ein Ex-Papagei. Sie hatte noch einen letzten Schluck zur Hühnerbrust genommen, für die Reise zu ihren

Ahnen. Axel war untröstlich. Wenn ich mich recht erinnere, fing er genau nach diesem Vorfall an, Federn zu lassen; seine bunte Irokesenfrisur bekam die Vollmauser.

Ein komischer Kauz, der gute Axel, aber eben auch ein liebenswerter Paradiesvogel. Er lebt sein bescheidenes Leben und redet, wie ihm der Schnabel gewachsen ist, wohlwissend, dass nur die hübschen Vögel in Käfige gesperrt werden.

Nach dem dritten Espresso habe ich mich beruhigt. Mittlerweile stehen zwei Kabinen leer. Ich klopfe sicherheitshalber, alles o.k., da kann ich mich ja getrost für die nächste halbe Stunde toasten. Für heute war das genug der Aufregung; Haare schneiden wird auf unbestimmte Zeit verschoben, wachsen ja eh ständig nach.

Im Park

Nach so viel Kunstsonne kommt mir ein wolkenverhangener Nachmittag im Park gerade recht, um, auf einer Bank sitzend, das zu machen, was ich am besten kann: Nichts! Wie es eben so ist, vergeht die Zeit furchtbar schnell, wenn man nichts tut.

Gleich neben der Hundespielwiese hat es noch ein Plätzchen auf der Parkbank frei, von dort kann man prima das Treiben der Vier- und Zweibeiner beobachten. Letztere benehmen sich manchmal affiger als ihre Köter. Heute toben sich gut zehn, fünfzehn Viecher aus. Da wird gebellt, gehüpft, geknurrt, Stöckchen geholt, gerauft und die Eier geleckt. Vierbeiner sind ideal, um soziale Kontakte zu knüpfen. Zusammen spazieren zu gehen, sich gegenseitig Tipps zu geben, übers Hundefutter zu tratschen („Hach, früher waren die *Frolic* einfach runder, nicht?").

Wenn jeder einen Hund hätte, würde es der Menschheit bestimmt besser gehen, und die Innenstadt wäre unter all dem Hundedreck nicht mehr auszumachen. Nein, im Ernst: Jeder sollte eine Töle haben! Jedem seinen Hund, denn Hunde machen Leute. Wolf sei Dank gibt es so viele unterschiedliche Modelle, dass für jeden etwas dabei sein sollte. Ob Frau ob Mann, ob kurz ob lang. Die Auswahl ist groß. Beispiele gefällig? *Here we go!*

Zu dicken Menschen passt z. B. der Mops; dieser wird dann mit Leckereien vollgestopft, bis er beinahe platzt (ein sogenannter Rollmops). Dünnen gefällt das italienische Windspiel (das ist so ein gestreckter Chihuahua, nur viel größer, jedoch bei gleichem Gewicht). Diese Viecher heißen Windhunde nicht etwa, weil sie unter Blähungen leiden, sondern, weil es die schon beim leisesten Windhauch davon haut. Bartträger mögen Schnauzer, während Glatzköpfe leichter zu mexikanischen Nackthunden Zuneigung finden. Zum depressiven Typ passt ein Schlosshund, mit dem dann um die Wette geheult werden kann.

Magersüchtige sollten sich aus gesundheitlichen Gründen keinen Hund halten; er könnte sie nämlich mit einem Knochen verwechseln. Ausnahmsweise vielleicht einen Bullimie-Terrier mit Würgehalsband. Entgegen der weitverbreiteten Meinung sollten sich Blinde auf keinen Fall einen blinden Hund anschaffen. Das könnte bös ins Auge gehen! Angebrachter wäre schon eher ein Seh-Hund. Der ideale Gefährte für den Frühaufsteher ist der Dal*matiner*. Modebewusste leisten sich einen

Trendsetter. Auch jobtechnisch lassen sich die Biester prima zuordnen: Des Gebrauchtwagenhändlers treuester Begleiter ist zum Beispiel der Schrottweiler. Für einen Koch ideal ist der Dackel oder Teckel; der passt einfach in jeden Topf und kann auch schon mal in die Pfanne gehauen werden. Bau-, Fabrik- und sonstige Arbeiter stehen auf Labrador; Jäger mögen prinzipiell Rehpinscher. Der Boxer stellt eine richtige Allerweltstöle dar. Ein wahrer Tausendsassa und nicht nur für professionelle Faustkämpfer geeignet. Auch Musiker schwören auf ihn und kaufen den apportierfreudigen, daher 2-Wege-Boxer gerne in Stereo. Dann braucht es nur noch einen kurzbeinigen Basset (einen sogenannten Sub-Wuffer), und schon ist das Lautbeller Set komplett.

Und was dem Elektriker sein gestromter Boxer ist, ist dem Rennfahrer sein Boxerluder. Lkw-Fahrer schwören auf Straßenköter, und des Polizisten Liebling ist zweifellos die Bulldogge. Entomologen besitzen meist ein, zwei Papillons, ohne Flohhalsband natürlich. Ganz flatterige Viecher, diese Papillons. Der Steve McQueen hatte so ein Vieh auf die Brust tätowiert, wenn ich mich recht erinnere. Beim Hundekauf sollte im Rahmen des Möglichen auch das Auto des Besitzers berücksichtigt werden. Das soll jetzt nicht heißen, dass sich der Fahrer eines Kleinwagens keine dänische Dogge anschaffen sollte, nein! Das Ganze ist eher ästhetischer Natur: Luxuslimousinenfahrer kaufen sich am besten einen Schlittenhund; mit dem kann man außer Schlitten zu fahren, auch noch prima protzen. Vor allem wer sich in südlichen, speziell tropischen Ländern so ein Vieh hält, gilt als supercool. Besitzer eines Sportcoupés achten darauf, dass das Tier rassig ist (Reinrassigkeit ist Nebensache). *Kupierte* Ohren sind zwar verpönt, aber ein *must*.

Für den Spaziergang am Nachmittag eignet sich die Promenadenmischung, und auf dem Segeltörn ist es immer ein gutes Gefühl, einen Außenbordercollie dabei zu wissen. Und jetzt mal im Ernst: Was passt besser zum Flugzeug als ein Flughund? Auch nach Herkunftsland des Besitzers lassen sich die Viecher prima zuteilen: Was dem Spanier sein Spaniel ist, ist für den Italiener der Chow-Chow. Chinesen stehen in der Regel auf die fleischigen oder kleinen, knusprigen Rassen. Die haben ihre Vierbeiner zum Fressen gern.

Laut einem kürzlich gelesenen Zeitungsbericht sind die kleinen Gelben in den letzten Jahren offenbar besonders auf den Hund gekommen. Als mögliche Gründe werden Auswirkungen der „Ein-Kind-Familie" und allgemeiner Nachholbedarf von Streicheleinheiten vermutet. Nicht zu vergessen die zunehmend urbane Lebensweise der Asiaten; sich im 65. Stock eines Wolkenkratzers ein Schwein zu halten, ist bestimmt kein einfaches Unterfangen. Der Lebendproviant Hund hat den weiteren Vorteil, dass man mit ihm wunderbar kuscheln kann. Und wenn dann Herrchens Magen knurrt, hat es sich eben ausgeknurrt. Das Halsband gibt erst noch einen prima Keilriemen fürs Moped ab.

Kommt mir in den Sinn: Kürzlich habe ich einen asiatischen Herrn im Supermarkt beobachtet. In seinen kurzen Hosen mit umgehängter Fotokamera samt Objektiv mit titanischen Ausmaßen (vermutlich, um die Größe seines Genitals zu kompensieren) und einem aufgesetzten Grinsen, als hätte er eine heiße Pekingente in der Hose, war er unschwer als Tourist auszumachen.

Wie er so durch Gänge, vollgestopft mit ungewohnten Lebensmitteln, schweifte, stand ihm seine Verwunderung richtig auf die Stirn geschrieben. Ganz abartige Sachen wie im Ofen gebackene fermentierte Getreidebreie und ranzige Kuheutersekrete hatte es da (im Volksmund auch als Brot und Butter bekannt). In einem der Gänge blieb er unerwartet stehen. Eine solche Vielfalt hatte er nicht erwartet! Und dann erst die Präsentation: Mit so schönen, appetitlichen Bildern verzierte Produkte, das gab es zu Hause nicht. Das Wasser lief ihm im Mund zusammen, und Tränen schossen ihm in die Augen. Für einen kurzen Moment verschwand die kulturelle Kluft, die Ost und West trennt. Er war zu Hause.

Von den Regalen lachten ihm vertraute und appetitliche Gesichter entgegen. Leider befand er sich nicht in der Delikatessenabteilung, sondern im Tierfuttersegment. Man kann es ihm eigentlich nicht verübeln, denn, wo Hund draufsteht, sollte schließlich auch Hund drin sein.

Für jedes Pläsierchen ein Tierchen! Es gibt nichts, wofür es nicht den passenden Köter gäbe. Mehr Beweise gefällig? Drogen! Jedem Süchtigen seinen Drogenhund: Marihuana-Konsumenten kaufen sich einen Husky (phonetisch *Hashky*) oder einen Afghanen und nennen ihn Spliff oder Bongo. Falls ein Hund für zu viel Umtrieb sorgen sollte, können sie sich immer noch einen Grasfrosch halten. Für den starken Raucher ist der Teerrier der ideale Begleiter. Er wird vorzugsweise als Kettenhund gehalten. Alkoholiker haben entweder die Wahl zwischen diesen zwei schwarzweißen, schottischen Whiskykläffern bzw. einem Bernhardiner, natürlich inklusive dem Fässchen mit dem Hochprozentigen drin. Oder scheiß auf die Töle und nur Schnaps! Leimschnüffler stehen auf Prittbulls; Junkies sollten sich einen Stoffhund halten, der ist pflegeleicht und stellt nicht zu viele Ansprüche. Der für Kokainkonsumenten ideale Vierbeiner ist der englische Kokser-Spaniel, *die* Schnüffelnase schlechthin! Da braucht es nur noch eine lange, fette Leine, und schon kann mit dem Biest um die Wette geschnorchelt werden. Und was wäre wohl der ideale Vierbeiner für den *coffeeholic*?

Vor lauter Hund hätte ich beinahe nicht bemerkt, dass mein Koffeinpegel in den kritischen Bereich abzurutschen droht. Da hilft nur ein doppelter Espresso – und zwar avanti!

Im Café

Bei Giuseppe bekommt man einen der besten Kaffees der Stadt oder auch nicht. Die Qualität hängt ganz von seiner Stimmung ab, und heute ist er echt gut drauf. Entsprechend schmeckt das Gebräu. Das nenne ich mal wieder einen verdammt guten Kaffee; das schreit gleich nach einer zweiten Tasse.

Die Gunst der Minute will genutzt sein, denn bei Giu weiß man nie, woran man gerade ist. Da kann die blendendste Laune im Kaffeeumrühren in grimmigste Wut umschlagen. Der Grat zwischen Milchkaffee und schaler Brühe ist schmal. Wenn er mies drauf ist schmeckt das Zeug wie dünnflüssiges Maschinenöl. Dem gnade der Gott der dunklen Bohnen, der es dann noch wagt, einen Espresso zu bestellen! Den konzentrierten Schwarzen Tod hat man dann vor Augen. Sogar der härteste Koffeinjunkie steigt da blitzartig auf entkoffeinierten Instantkaffee um.

Die Wände im Lokal sind voll mit futuristischem Gekritzel, das ausschaut, als ob der Künstler verzweifelt versucht hat, Krätze und Gonorrhö malerisch darzustellen. All dieser moderne gepinselte Kram will nicht so recht zum eher rustikalen Mobiliar und schon gar nicht zu Giuseppe, einem italienischen Bären, passen. Bär nicht bloß wegen seiner stattlichen Figur, der ausgiebigen Körperbehaarung zusammen mit seinem lauten Stimmorgan (wenn er schlecht drauf ist, brüllt er wie ein Kragenbär, dem es an den Kragen geht).

Das Petzigste an ihm ist seine Vorliebe für Bienenhonig. Gut und gerne zwanzig Sorten hat er stets auf Lager. Waldhonig aus dem Schwarzwald, Blütenhonig aus den Alpen, Tannenhonig aus den Vogesen, Akazienhonig von der Sierra Nevada, schottischen Hochlandhonig mit Whisky, amerikanischen Honig (mit ganzen Bienenstückchen) und australischen Eukalyptushonig (mit ganzen Koalastückchen). Ja sogar einen russischen Honig mit Wodka hat er in seiner Sammlung. Mit dem hat bestimmt Mutter Jelzin ihrem Sohn das Pausenbrot geschmiert.

Immer wenn ich bei Giuseppe im Lokal bin, das ist zwar sehr sporadisch, aber dafür zu allen nur denkbaren Tages- und Nachtzeiten, hat er ein Schnittchen mit Butter und Honig drauf vor sich. Also um Honig mache ich ja prinzipiell einen großen Bogen. Auf die Idee, sich halbverdaute Bienenkotze aufs Brot zu streichen, muss man erst mal kommen.

Nach dem dritten Espresso werde ich erst richtig munter. Munter genug für einen kleinen Einkaufsbummel! Wie erwähnt, fehlt es mir an passender Beinbekleidung, und ein Paar Schuhe könnte auch nicht schaden. *Born to shop*!

Im Kaufhaus

Ich gehe dafür am liebsten in eines dieser immensen Shoppingcenter. Nicht etwa wegen der größeren Auswahl, nein, weil es dort so viel vom Gleichen gibt, und passablen Kaffee bekommt man auch noch an jeder zweiten Ecke. Eine Zeit lang habe ich meine Klamotten ausschließlich per Katalog bestellt – bis zu dem Tag, als ich mich in der Bestellnummer getäuscht habe und statt einer Bundfaltenhose eine bunte Kinderrutschbahn mit Planschbecken geliefert wurde. Ohne Umtauschrecht!

Auf moderne Mode kann ich gerne verzichten; ich stehe eher auf zeitlose Kleidung sowie vergangene Stilrichtungen. Dennoch meide ich Secondhandläden, die finde ich echt fies. Und Verarschen kann ich mich selbst!

Auf der Rolltreppe rollt vor mir eine rollige Blondine im Minirock, könnte aber genauso gut auch ein verrutschtes Stirnband sein. Das Teil ist so winzig, dass man das Höschen fast riechen kann. Warum nennt man diese aufgeilenden Fetzen eigentlich Rock und nicht Popp? Als ob die Mädels an was anderes denken, wenn die sich so ein Teil überstreifen. Die sind sich doch der geilen Blicke auf Hüfthöhe sehr wohl bewusst. Zumindest die Puppe vor mir weiß, dass alles Männliche innerhalb eines 10m Läufigkeitsradius auf den Hintern und die kilometerlangen Beine starrt. Als der Arsch mit Beinen auf dem Absatz umdreht, heben sich die Blicke, und schlagartig wird klar, dass die sich nicht nur mit ihren Beinen brüsten kann. Vor mir erhebt sich eine Körbchengröße, die das Alphabet zu sprengen droht. Was heißt da Körbchen: Korb! Im Heißluftballonstil! Mit so viel Holz vor der Hütte könnte man ein fünfstöckiges Blockhaus einen sibirischen Winter lang auf Saunatemperatur heizen. Die könnte nur schon mit ihrer Linken halb Schwarzafrikas Babywelt dick und fett stillen.

Schuhe zu kaufen, entbehrt für mich jeglicher Logik, darum überlege ich nie lange und höre dabei meist auf mein Gefühl (wenn es schmerzt – nicht kaufen!). Zudem kommt, was im Laden sitzt, ist zu Hause oft entweder zu groß, oder zu klein oder beides. Ein rascher Entscheid tut also Not.

Ich bin ja von Haus aus eher der überlegte Typ, lasse mir immer alles genau durch den Kopf gehen, bevor eine Entscheidung gefällt wird. Man könnte fast sagen, dass ich in gewissen Situationen etwas unschlüssig bin. Beim Ausfüllen eines Wahlzettels zum Beispiel. Stundenlang könnte ich so eine Wahlkabine besetzt halten. Es geht ja schließlich um die Zukunft der Menschheit! Soll ich jetzt das Feld neben dem grünen Kandidaten grün ausmalen und damit dem Karl eine Freude machen, oder nicht doch besser hinter den Radikalpopulisten mein Hakenkreuz setzen? Bei denen weiß man wenigstens, dass es mit rechten Dingen zugeht.

Ich schaue mir drei Paar Schuhe an, probiere eines davon, entscheide mich für die zwei anderen. Heute habe ich ein gutes Gefühl! An der einzigen Kasse herrscht reger Andrang. Gleich vor mir in der Schlange steht ein Mädchen, aus dem man leicht zwei hätte machen können. In der Linken hat sie ein paar rosa Pumps, in der Rechten eine mit rosafarbener Fleischware gefüllte Plastiktüte mit einer lachenden roten Sau drauf. Hinter mich hat sich ein weiteres Mädchen gestellt, das ich zunächst gar nicht bemerkt habe. Wie die so seitlich da steht, sieht man sie kaum, so dünn ist sie. Ihre Beine sind feingliedriger als die kleinen Finger von der Dicken vorne. Stets zwischen den Extremen, da bin ich jeweils anzutreffen. Die Dünne packt einen Schokoriegel aus und beginnt gierig, daran herumzuknabbern, wie eine hungrige Maus. Specki vor mir kommt an die Reihe; die will aber nicht blechen, sondern die Schuhe in ihrer Größe. Die Kassiererin macht sie freundlich darauf aufmerksam, dass die Kasse nur zum Bezahlen sei und sie sich doch bitte an eine der Kundenberaterinnen wenden solle. Bloß ist weit und breit keine solche in Sicht. Specki macht Zoff; sie will die Schuhe in Monstergröße – und zwar dalli! Die an der Kasse gibt nach und huscht weg. Also, ich hätte sie an die Zoohandlung verwiesen oder ihr ein Paar pinkfarbene Schuhschachteln aufgeschwatzt. Die Minuten verstreichen. Specki wird langsam ungeduldig und schnüffelt verstohlen an der Tüte mit dem roten Schwein drauf und dem toten Schwein drin. Einen Fünfer für ihre Gedanken: „Also, jetzt ein Mettwurstschnittchen, mmmhhh!" Sie beginnt, mit ihren Wurstfingern auf der Wursttüte zu trommeln – das machen Elefanten auch, wenn sie auf Überreste ihrer Artgenossen stoßen, um festzustellen, ob es sich um ein verblichenes Familienmitglied handelt. Ob da wohl ein Verwandter von ihr im Schweinedarm hockt?

Hinter mir gluckst die Bulimietussi. Sie hat den ganzen Riegel runtergewürgt und jetzt einen ganz schrägen, vogelähnlichen Blick drauf, als ob sie demnächst einen Schleimball mit den unverdaulichen Resten hervorspeien wird. Wie jemand mit solch fragilem Körperbau sich überhaupt übergeben kann, ist mir übrigens ein Rätsel. Wenn die da bricht, brechen die Knochen. Das junge Kassenfräulein kommt zurück – ohne Schuhe. Jetzt wird Specki stinksauer. Die ist definitiv mit ihrem

Tüteninhalt verwandt, denn sie grunzt jetzt vor Wut und haut nun mit der flachen Hand auf den Fleischsack. Da werden die Schnitzel bestimmt noch zarter.

Die Chefin kommt, um zu helfen, und ich kann endlich zahlen. Zum Glück, denn die Dünne hinter mir stirbt bald im Stehen – nach dem verdorrten Blick zu schließen. Für die ist aufrechtes Stehen sicher so anstrengend, wie für unsereiner einen Marathon mit zusammengebundenen Beinen zu laufen. Nebenan hört man Specki quicken, diesmal vor Freude. Die Chefin hat ihr ein anderes Modell schmackhaft gemacht. Da hat sie ja noch mal Schwein gehabt!

Jetzt noch flugs ein Beinkleid, und das wär's dann. Kleider zu kaufen, ohne dabei doof aus der Wäsche zu gucken, ist eine Kunst, denn Hose ist nicht gleich Hose. Wer eine gesehen hat, kennt sie zwar alle, aber es gibt sie halt doch: die feinen Unterschiede! Für mich bitte nur das Standardmodell: zwei Löcher unten, eins oben, ganz ohne jeglichen Firlefanz bitteschön!

Gleich nebenan werde ich fündig und verschwinde mit einem paar Brown-Jeans in der Umkleidekabine. Sitzt wie angegossen, auch ohne Badewanne. Eins probiert, drei gekauft und auf dem Weg zur Kasse, wen sehe ich da?

Specki, wie sie gerade eine Größe L auf XXL ausweitet und fragt, ob sie hier auch Miniröcke hätten. Jetzt weiß ich endlich, warum dem grünen Karl seine Heike, nach abgeschlossenem Psychologiestudium, in einem Kleiderladen jobben ging. Nicht, weil sie nichts anderes gefunden hätte; die brauchen dort derartig geschultes Personal. Eine nichts ahnende Verkäuferin nimmt sich Speckis an; ich an ihrer Stelle hätte die Bullen gerufen oder sie in die Zeltabteilung des *outdoorshops* geschickt.

Zwei Paar Schuhe und drei Hosen später hat mich die Außenwelt zurück.

In der Straßenbahn

Auf dem Nachhauseweg springt mich plötzlich eine Blondine an. „Hey echt, Sebastian, Mann, find ich ja echt toll, dich nach so langer Zeit wieder mal zu sehen, echt!" Ich finde das gar nicht toll. Echt. Es ist Anke, eine echt gute Freundin, die früher echt cool drauf war. Echt wahr!

Die habe ich jetzt seit Jahren nicht mehr gesehen und auch nicht mehr an sie gedacht. Ich kann mich auch nicht mehr an einen Zeitpunkt oder Grund erinnern, wann und warum wir uns damals aus den Augen verloren haben. Doll vermisst habe ich sie scheinbar nicht!

„Echt, warum gehen wir nicht mal was zusammen trinken?" Warum nicht? „Hey echt cool, Mann, hast du heute schon was vor?" Habe ich nicht. „Ja super, echt, warum treffen wir uns denn nicht schon heute, echt?! Sonst wird eh nix draus, echt." Ja, da hat sie echt recht; also Treffpunkt heute um zehn im „Cock & Tail", einer Bar der ganz lauwarmen Sorte, aber mit extrem coolen, ausgefallenen Drinks, und das Design sei auch spitzenmässig, wie Anke meint. Gesagt, getan!

In der Bar

Da sitzen wir dann an einem neongelben Tisch, und ich kann mich nicht entscheiden, was ich bestellen soll. Anke kennt die ganze Karte auswendig. Sie lässt sich einen ganz poppigen Drink mixen, der Koalamala heißt und wie Birnensaft mit Franzbranntwein schmeckt. Mit dieser Karte in der Hand komme ich mir vor wie ein Pfadfinder, der mit einer Schwarzwald-Wanderkarte aus dem hinteren Amazonasbecken herausfinden sollte. Oder ein polnischer Tourist mit Dyslexie, der in der Pariser Metro anhand eines Mapamundi-Holzschnitts aus dem 15. Jahrhundert seinen Weg von Pigalle nach der Bastille sucht.

Nichts kommt mir bekannt vor. Nicht einmal einen guten, alten Kaukasier aus Weißrussland haben die hier. Und was ist bloß aus den *Gin Tonics* und *Cuba Libres* dieser Welt geworden? Ich nehme das Erstbeste, was sich als das so ziemlich Hinterletzte herausstellen sollte. Das Zeug ist giftig grün. Allein schon der Geruch haut einen fast rücklings vom Designerhocker. Riecht wie eine Mischung aus Zyankali und nassem Hund. Wer Miss Marple gelesen hat, weiß, dass der Geruch von Zyankali an bittere Mandeln erinnert. Und nasser Hund riecht wie nasser Hund. Nach einem mutigen Schluck weiß ich, dass etwas, das schon übel riecht, noch jämmerlicher schmecken kann. Es ist definitiv Blausäure – mit oder ohne Hund. Jetzt schnell einen doppelten Espresso, um den fäkalen Gout runterzugurgeln! Während Anke auch noch mein Glas leert und mit gierigem Blick die Getränkekarte, welche sie auswendig kennt, nach einem neuen Trunk durchforscht.

Drei Koalamalas, zwei Womblekiller, einige *Tequilas* pur und anderthalb Holdrios später weiß ich wieder, warum ich Ankes Gesellschaft so lange gemieden hatte. Nicht, dass sie ein Problem mit dem Trinken hätte, nein, das Aufhören fällt ihr schwer. Jetzt kann ich mich echt wieder an die echte Anke erinnern. Sie haut die *longdrinks* weg wie *shooters*. Und jetzt wolle sie echt tanzen, meint sie, und dann was ficken (das habe ich auf jeden Fall verstanden). Oder picken? Stricken wohl kaum, Handarbeit liegt in ihrer jetzigen Verfassung nicht drin.

Seit dem ersten Schluck von ihrem zweiten Holdrio habe ich meine liebe Mühe, die gute Anke zu verstehen. Tanzen will sie? Also ab in die Disco, in dem Gewimmel werde ich sie bestimmt los. In den „Tanzpalast" kommen wir nicht rein, weil Anke sich vor dem Türsteher übergibt, gerade vor ihn hin. Da, wo eben noch seine Stiefeletten geglänzt haben.

166

Im „Shangri La" treffen wir auf Katja, eine echt gaaaaanz gute Freundin von ihr, die wie eine russische Nutte ausschaut, so redet und wie sich herausstellt, auch eine solche ist. Nachdem die Mädels angefangen haben, Wodka auf Zimmertemperatur zu kippen, meint Anke, dem Ethylkoma nahe, sie wolle jetzt doch was ficken. Echt?

Minuten später stehen wir an einer Frittenbude. Also doch picken! Frisch gestärkt, schwanken die zwei gleich wieder zurück in die Disco, wozu ich gar keine Lust mehr habe. Anke versucht mich doch echt, in einer Art Babysprache umzustimmen; Katja drückt mich an ihre verschwitzten Brüste, sie wolle jetzt mit mir tonzän. *Ruski go home*! Dann doch lieber ein Bruderkuss von Brezhnev.

Ich geleite die Mädels zurück in die Disco, bestelle der Anke noch einen Himbeersirup mit Feinsprit, der Russin einen Molotowcocktail und mache mich dezent aus dem Staub. Echt wahr! Nach Samstagnächten wie dieser weiß ich, warum es Sonntage gibt.

Im Café

Morgens um zehn ist die Welt noch beziehungsweise wieder in Ordnung. Eine gute Tasse Kaffee, eine Zeitung, was braucht man mehr, um glücklich zu sein.

Nur schon die Titelseite verspricht Tod, Krieg und Verderben. Schon wieder wurde irgendwo ein Massengrab entdeckt. Genozid ist offenbar auch heute noch vielerorts ein beliebter Volkssport. Andersgläubige, Andersfarbige, Anderssprachige, Gleichfarbige und Gleichgläubige, die aber sonst irgendwie anders sind; die Liste ist lang. Bloß, dass man sich früher einfach mehr Mühe gegeben hat, sich des eliminierenswerten Steins des Anstoßes auf möglichst raffinierte Art und Weise zu entledigen.

Schon die alten Römer waren in dieser Beziehung äußerst findig, haben sie doch die gläubigen bzw. leichtgläubigen Christen mit kostenlosen Logenplätzen für den Zirkus geködert. Prompt sind sie ihnen auf den Leim gegangen. Ja, bei den Römern saßen die Christen eben immer in der ersten Reihe. So wurde durch die Zeitgeschichte hindurch massig weitergemordet.

Im Mittelalter galt es, besonders viele unerwünschte Untertanen unter die Erde zu bringen. Zum ersten Mal in der Geschichte setzte man auf biologische Kriegsführung: Pest- und Choleraepidemien sei Dank konnte das Bevölkerungswachstum in einem überschaubaren Rahmen gehalten werden. Dass nicht nur das gemeine Fußvolk unter die Räder kam, also ab und zu auch mal einer von der Obrigkeit dran glauben musste, damit konnte man leben. Wenn sich trotzdem einmal eine andersgläubige, andersfarbige, anderssprachige oder sonst irgendwie andere Bevölkerungsgruppe als besonders resistent erwiesen hatte, konnte man denen immer noch die Schuld an dem ganzen Seuchenschlamassel in die Schuhe schieben und sie anschließend vom dahinsiechenden Pöbel erledigen lassen.

Besonders findig waren, ein gutes Stück später, die Nazis. Gruppenreisen und fröhliches Lagerleben wurden vorgegaukelt, inklusive kostenloser Anreise im Zug, wenn auch nicht gerade in der ersten Klasse. Da kam eine kaltmachende Dusche nach der Ankunft gerade recht. Da hatte es sich dann ausgeschwitzt.

Wer dieser Tage irgendwelche Andersgläubigen, Andersfarbigen, Anderssprachigen oder sonst anders Anderen loswerden möchte, braucht sich nicht mehr sonderlich anzustrengen. Ein Restposten stumpfer Macheten und ein lokaler Radiosender, mit einem Hetzkopf am Mikro, reichen fürs Gröbste. *DJ Demagoge intha house!*

Kurz und etwas schmerzloser geht es auch mit einem Trupp Söldner, in zwei Gruppen aufgeteilt, und einen Fußball. Die einen karren die männlichen Familienangehörigen der Andersgläubigen, Andersfarbigen, Anderssprachigen oder andere anders Andere ins nächste Fußballstadion, wo sie erschossen werden (Genick- statt Torschuss), während die Anderen (Söldner, nicht die anders anderen Andern) das andersgläubige, andersfarbige, anderssprachige und andere andersartige Weibsvolk vergewaltigt. Nach der ersten Halbzeit wird gewechselt. Der Ball soll etwas Fußballstimmung in die ganze Angelegenheit bringen.

Überschlagen wir doch einfach alles weitere Elend, und gehen gleich zur Vermischten! Da scheint die Sonne, da macht das Leben Spaß! Bankdirektor überfällt Bank (nicht die eigene, die eines Kollegen) und flüchtet in seiner Luxuslimousine. Die Fahrt endet im Krankenhaus (er hatte eine Linkskurve zu weit genommen und war mit seiner Limu direkt in die Notaufnahme geknallt). Resultat: Ein toter Patient (von dem sich aber nicht mit

Bestimmtheit sagen lässt, ob er nicht schon vorher das Zeitliche gesegnet hat), ein Haufen verschreckter Ärzte, die jetzt mindestens einen Monat bezahlten Urlaub brauchen, sowie ein querschnittsgelähmter Ex-Bankdirex. Ja, so schnell kann es gehen: Vom Rolls-Royce in den Rollstuhl!

Da soll noch einer sagen, reich zu sein, sei einfach! Vom Tellerwäscher zum Millionär, die Story kennt man. Aber die Retourkutsche gibt es eben auch. Wenn sich einer erst mal ans deftig Kohleausgeben gewöhnt hat und dann plötzlich zurückstecken muss, weil ihm das nötige Großgeld ausgeht, haben wir aber den Salat!

Geldauszugeben ist harte Arbeit und kostet ein Vermögen, das sollten sich all die Habenichtse mal fett hinter die ungewaschenen Ohren schreiben! Die armen Reichen! Allein schon die Kosten für das Putzpersonal, welches den Unterhalt all der Villen, Ferienwohnungen und Strandhäuser zu besorgen hat, können einen in den glatten Ruin treiben. Mal ganz abgesehen von dem Riesenstress, alle diese Besitztümer auch noch abwechselnd zu bewohnen. Also ein für allemal und zum Mitschreiben, dass es auch die armen Analphabeten auf die Reihe kriegen: Ein Millionär hat's schwer. Und dann dieses ständige Genörgel an den vermeintlich viel zu hohen Managerlöhnen. Dafür habe ich jetzt überhaupt kein Verständnis. Worüber regen die sich denn so auf? Das muss so sein! Bei all den armen Kerlen auf dieser Welt braucht es doch die Spitzenverdiener, um das finanzielle Gleichgewicht zu halten. Die haben doch alle noch nichts von der Chaostheorie gehört, so von wegen Schmetterlingseffekt.

Ich sage nur *„life finds a way"*, denn alles ist miteinander vernetzt. Damit einer mächtig Kohle scheffeln kann, muss ein anderer zuvor mächtig Kohle gescheffelt haben, wobei der eine zum Beispiel ein Banker in seiner Bank und der andere ein Kumpel in seiner Mine ist. Der eine hat so viel Kohle, dass er in den Bergen was Nettes fürs Wochenende bauen kann, der andere baut selbst an Wochenenden im Bergwerk Kohle ab. Wenn's sonst nichts ist! Bei einem sprießen die Boni, beim anderen die Bohnen im Gemüsegarten (ohne die er wahrscheinlich nicht genug zu beißen hätte).

Apropos beißen: Während der eine in seinem Garten mit englischem Rasen in die Lachsstulle beißt, beißt der andere in seinem Stollen ins Gras. Der eine spielt fürs Leben gerne Schach, und der andere spielt im Schacht mit seinem Leben. *That's life*! Bei allen Unterschieden sind da aber auch Gemeinsamkeiten. Beide können schon mal schmutzige Hände haben, die es dann reinzuwaschen gilt (schwarze Ränder unter den

Fingernägeln kommen beim Bankier in der Regel vom Kaviarnaschen). Alle beide mögen Autos und Sport, wobei der eine stolzer Besitzer eines roten Ferraris ist (mindestens) und an den Wochenenden gerne Polo spielt, der andere einen rostigen Polo fährt (wenn überhaupt) und sich sonntags gerne die roten Formel-Flitzer im Fernsehen anschaut. Gleich noch mehr Gemeinsames: Beide fürchten sich vor einem *Crash* und dem hinterher folgenden Sinken des Aktienkurses bzw. der Überlebenschance. Und wenn einmal die Grube doch zum Grabe werden sollte, spart sich die Witwe wenigstens die Bestattungskosten. Was fordert wohl mehr Todesopfer – Bergminen oder Personenminen?

Ja, das alles gehört nun mal zu unserer tollen, freien Marktwirtschaft. Geld regiert die Welt. Ich bin da nicht anders: Ich bete um Knete, denn Zaster ist mein Laster, und nur Bares ist Wahres! Aber eben: jedem das Seine bitteschön! Man bedenke stets, dass alles möglich ist und nichts ewig dauert. Der Weg vom Poloclub zum Sozialamt ist schmal, kurz und beidseitig gesäumt mit glitschigen Schmiergeldaffären, unverzüglich gesteuerten Steuerhinterziehungen, ehelichen Scheidungs-einreichungen und unehelichen Vaterschafts-klagen mit gar nicht unterhaltsamen Unterhaltszahlungen. Lasst die Reichen reich und die Armen arm sein! Armut ist gut. Sie ist kein Übel, das es auszumerzen gilt, keine Krankheit, die geheilt werden muss; sie ist das eigentliche Heilmittel. Armut ist *die* Arznei zum Reichwerden.

Die armen Schlucker schlucken artig die bittere Pille, ohne zu meckern, wie es sich eben gehört. Dosierung: dreimal täglich mit einem Glas Wasser (das dürfte für gewisse Leute bereits eine Herausforderung darstellen) jeweils vor den Hauptmahlzeiten einnehmen (Aha! Da haben wir definitiv ein Problem. Und was heißt da „Haupt"?)! Mögliche, erwünschte Nebenwirkung: der Tod. Dies ist ein Unheilmittel; zu Risiken lesen Sie bitte die Packungsbeilage (wenn Sie denn lesen können) und fragen Sie Ihren Medizinmann oder Schamanen!

Man sollte bei allem aber nicht vergessen, dass, laut der griechischen Mythologie, der Vereinigung von Arm und Reich nichts weniger als die Liebe entsprungen sei. So romantisch das hier jetzt tönt, in Wirklichkeit hat ein stockbesoffener Gott der Reichhaltigkeit, genannt Poros, nach einer wüsten Party die arme Penia, Göttin der Armut, gebumst. *Voilà!* Letztere wurde übrigens nicht zum Umtrunk eingeladen. Und wie dem so ist, *nine month later – baby's on the way*: Eros hieß der Spross, und Bogenschießen war sein Hobby.

Also genau genommen geht es im Leben ja nicht nur ums Geld, sondern auch noch um Sex (ich vermute, weil man Geld nicht ficken kann). Wozu gerechterweise gesagt werden muss, dass viele für das nötige Kleingeld auch schon mal ihren Körper feilbieten. Für Bargeld Bares und Hartes gegen harte Währung. Zudem wirkt Geld von Natur aus hocherotisch auf beide Geschlechter. Sex hat also mit Bestimmtheit einen finanziellen Aspekt. Bleibt also als gemeinsamer Nenner doch nur die gute Kohle.

Mit Geld kann man sich eben alles kaufen, denn jeder Scheiß hat seinen Preis, wie alles im Leben bzw. im Sterben, das zwar genau genommen auch zum Leben gehört, aber lassen wir das! Ja, auch der Tod hat seinen Preis; nicht etwa einen einheitlichen, wie man meinen sollte. Am günstigsten ist er für zwei neunundneunzig in der Apotheke zu haben, mit wohlklingenden Namen wie „Somnipur" oder „Dornröschen Extraforte". Sich aus dem obersten Stock ins Leere zu stürzen, kostet ein Dinner im Restaurant eines Luxushotels oder eine Dachzimmerwohnung. Letztere hat den Vorteil, dass, wenn sie Sichtbalken hat, man sich wahlweise auch noch aufhängen kann.

Wie? Der Tod wäre auch umsonst zu haben? Etwa durch Mord, Totschlag, Verkehrsunfälle und natürlichen Hinschied? Mitnichten! Mord ist mordsteuer und kostet obendrein das Seelenheil. Gott mag so was gar nicht. Auch Gemordetwerden ist mit Vorsicht zu genießen; das eignet sich nur für seelische Blindgänger. Und Totschlag ist was für geistige Querschläger.

Der Verkehrstod kostet mindestens das Busticket, was bei den aktuellen Preisen des öffentlichen Verkehrs enorm ist (von den hohen Benzinkosten ganz zu schweigen). Da lohnt es sich vorher, eine Mehrfahrtenkarte zu lösen, falls es beim ersten Mal nicht klappt. Als Fußgänger den Tod auf der Straße zu finden, ist ein Ding der Unmöglichkeit geworden. Die bremsen ja heute schon, wenn man nur „Zebrastreifen" denkt (Zebrastreifen – ein tolles Wort!).

Das natürliche, vermeintlich günstigste Ableben ist das Allerteuerste. Normal zu sterben, also an Altersschwäche oder krankheitsbedingt, das heißt, eine Legion von Ärzten, Krankenschwestern, Pillendrehern und salbenden Pfarrern mitzufinanzieren. All die Ärztemäuler und Schwesternhälse wollen gestopft werden. Man stelle sich mal vor, was so eine Armee von blutgierigen Weißkitteln kostet!

Wer heutzutage was auf sich hält, nennt mindestens ein Herz/Kreislaufproblem sowie zwei bis drei chronische Leiden sein Eigen.

Seien wir mal ehrlich! Die ganze Welt ist krank! Das macht mich echt krank. Und diejenigen, die gerade nicht krank sind oder gar vor Gesundheit nur so strotzen, die machen mich erst recht krank. Kommt dazu, dass Letztere eh meist die Ersten sind, die ins Gras beißen. Und wer weder gesund noch krank ist, ist ein elender Hypochonder.

Alles ist auf Krankheit ausgerichtet – oder Gesundheit, wie die meisten sagen. Gesundheit ist eh die übelste aller Krankheiten, ein Damoklesschwert, das ständig über dir schwebt, denn an jeder Ecke lauert ein Virus, Geschlechtskrankheiten, deren Namen du nicht mal aussprechen kannst, warten auf dich, und eine eitrige Analfistel kann auch dir passieren; es ist alles nur eine Frage der Zeit.

Ich persönlich war ja noch nie krank. Auch als Kind nicht, hatte keine dieser Kinderkrankheiten Pocken und Socken oder wie immer das Zeug heißt. Nicht mal Fieber hatte ich. Einmal bekam ich einen etwas roten Kopf und war etwas verschwitzt, worauf meine Mutter mich schon mit einem Bein im Grab wähnte und den Notarzt anrief. Ob sie denn schon Fieber gemessen hätte? Hatte sie nicht. Noch nicht! Worauf sie mir doch glatt so ein scheiß Quecksilberteil mit einem Kilo Vaseline drauf in den Hintern schob! Das Teil war so gut eingebuttert, dass es fast bis zum Magenpförtner hochglitt. Nun hatte sie panische Angst, dass ich zum Fiebertod auch noch an einer Schwermetallvergiftung draufgehen könnte. Und ich kam mir vor, als hätte ich eine Mini-Atombombe im Arsch. Das war jedenfalls das erste und letzte Mal, dass bei mir ein Fremdkörper in den analen Bereich eingedrungen war; da herrscht seither strikte Einbahnstraße.

Ich wollte, ich hätte diese Krankheit, wo man zwanghaft schmutzige Worte sagt. So ein bisschen Tourette fänd ich ganz nett, und Koprolalie schadet sowieso nie. Leider wurde bei mir offiziell noch keine Geistesstörung mit hübschem Namen diagnostiziert. Was wäre ich doch für ein Vorzeigekranker, der Stolz der Ärzteschaft, würde dem Syndrom neuen Schliff geben. Von dieser wunderbaren Krankheit Betroffene sind leider oft gar nicht zufrieden, finden sie äußerst störend und schämen sich ihrer meist.

Undankbares Pack! Die haben das gar nicht verdient; denen wünsch ich ein Stendhal-Syndrom an den Hals. Das ist eine äußerst fiese Krankheit, bei der man schon vom bloßen Anblick eines Warhols einen Herzinfarkt und bei einem Koontz bestenfalls noch einen Ständer kriegt.

Also nochmals zum Rekapitulieren! An Krankheit zu sterben, ist schlecht für die Gesundheit des Geldbeutels und somit nicht zu empfehlen.

Wer glaubt, das Zeitliche im eigenen Bett zu segnen, sei am erschwinglichsten, der hat sich gehörig getäuscht. Der Irrtum seines Lebens, würde ich fast schon sagen. So ein Abtransport kostet ein Vermögen; zudem wird man noch zum Gespött der Nachbarn. Ganz zu schweigen von den horrenden Beerdigungskosten. Allein nur die Auslagen für den Grabputz lassen einen sich im Grab umdrehen. Nicht, dass man davon schlaflose Nächte bekäme, man ist ja schließlich tot!

Da kommt nur drum herum, wer sein Leben über dem Fleischwolf einer Wurstfabrik aushaucht. Der bekommt gratis einen schicken Kunstdarmsarg und kann so portionsweise bestattet werden.

Gleich noch so ein Fall auf der „Vermischten" von einem gar unschicken Schicksal. Vor der kubanischen Küste wurde irgendein Drogenboss auf seiner Luxusyacht verhaftet. Wenn da schon aufsässige Schriftsteller jahrelang ins Loch kommen; was die wohl mit so einem Burschen anstellen? Eben noch stinkreich stinkt er jetzt nur noch. Und gestern noch eine dicke kubanische Zigarre im Mund, heute bereits einen dicken kubanischen Schwanz im Hintern. Das tut weh! Selbst eiserne Nichtraucher ziehen da die Havanna vor. Ist bestimmt auch viel gesünder.

Was hat es sonst noch so auf der Vermischten: noch mehr Autounfälle, Tod und Verderben. Im Kulturteil wird ein klasse Klassikkonzert von einem längst verstorbenen Herrn angepriesen, der mausarm und mutterseelenallein an Keuchhusten mit blutigem Auswurf draufgegangen, nun aber in aller Munde und Ohren ist. Ja, daran hat er jetzt nicht mehr gefressen. Wenn der nachträglich noch all die Kohle für die Songrechte einfordern würde, der könnte sich sein Massengrab goldig auspolstern lassen.

Habe ich eigentlich schon erwähnt, dass ich von Natur aus sehr musikalisch bin? Im Fingertrommeln und Nasentrompeten kann mir keiner das Wasser reichen. Absolut keine Konkurrenz auch beim Arschgeige spielen, da bin ich topp!

Auf der Kinoseite wird erneut auf die *Bollywood*-Filmreihe verwiesen; für heute ist offenbar ein absolut sehenswerter Klassiker angesagt. Fräulein Rai, ich komme!

Die Zeitung war relativ schnell durchgeschmökert; von einer Sonntagsausgabe erwarte ich normalerweise etwas mehr. Leider gibt es bei Manolo keine Promihefte, wie beim Wolfgang. Hingegen findet sich eins dieser gesunden Wohlfühlmagazine, die gewöhnlich voll sind mit furchtbar tollen Tipps, wie man sein Leben im Nu umkrempelt und sich dabei noch total gesund ernährt. Und dann noch was über *Yoga*, *Feng-Shui* und Antistress durch Gartenarbeit, und ich bin fällig. All die grünen Gesundheinis, die leben doch überhaupt nicht, die vegetieren!

Da fällt der schundgeschulte Blick auf einen Artikel über Kindserziehung durch Ernährung. Das ist alt: Wenn das Balg nicht spurt, gibt's nix zu beißen. Aber der Bericht zielt da mehr auf die soziokulturellen Zusammenhänge zwischen Auswahl der Lebensmittel, Zubereitungsart der Speisen sowie deren Auswirkungen auf den Gemütszustand und die Gefühlswelt unserer kleinen Mitmenschen ab.

Ja so ein Käse! Meine Mutti legte schon damals großen Wert auf gute Erziehung inklusive ausgewogener Ernährung (im Nachhinein weiß ich gar nicht mehr, was schlimmer war). Auf jeden Fall hatte sie so ein Talent, beides unter einen Hut zu bringen. Wenn ich zum Beispiel etwas ausgefressen hatte, setzte sie mir jeweils frisches Obst vor. Erst presste sie mich aus wie eine Zitrone, dann gab es eins an die Birne. Meist bekam ich in der Folge noch ein paar Litschis gelatscht. Ohrfeigen waren an der Tagesordnung; sonntags gab es zur Feier des Tages Schlagsahne zur Frucht. Und wenn es mal pressierte, so auf die Schnelle, noch ein paar Maulbeerschellen. Ja, zu ihrem „Früchtchen" (das war ihr Lieblingsaprikosenamen für mich) schaute und haute sie gut. Zur Frucht darf das tägliche Brot natürlich nicht fehlen, der Ballaststoffe wegen. Da bekam ich dann schon mal einen Prügel vom Vortag übergebacken. Zwar nicht mehr ganz ofenfrisch, dafür aber mit ganzen Kopfnüssen drin. Und Klatschmohn oben drauf.

Das Bio-Heft taugt auch nichts und sollte baldmöglichst kompostiert werden. Weiter unten im Stapel mache ich eins dieser bunten Reisemagazine aus, vollgepackt mit Traumferien zu alptraumhaften Preisen, die sich der gemeine Leser, der die Welt gerade mal als dicken Leuchtglobus kennt, nie und nimmer leisten kann. Luxusbadeferien in der Karibik und im indischen Ozean füllen den Großteil des Heftes. Wer schwärmt schon nicht von solchen Ferien?

Ich persönlich halte ja gar nichts davon und habe nie verstanden, was so furchtbar toll daran sein soll, zwei Wochen lang an irgendeinem

Strand in der Sonne zu schmoren, bis man krebsrot ist, wie das eklige Meeresgetier, das man täglich in sich reinstopft. Ohne zu vergessen, dass man dafür vorher um den halben Erdball *jetten* und für das Ganze natürlich noch ein Vermögen hinblättern muss. Nein danke; ich hole mir meinen Hautkrebs bei mir ums Eck für zwofünzig die halbe Stunde im Solarium, Dünnpfiff inklusive!

Ein mehrseitiger Bericht führt den Leser in die wunderbare Welt der Alternativreisen fernab der Trampelpfade des Massentourismus. Vorgestellt wird diesmal die geheime Perle der Vereinigten Staaten, das weder touristisch noch sonst irgendwie besonders erschlossene Mittelland (ja, es gibt was zwischen New York und Los Angeles!), die *Great plains*, die Kornschreckenskammer der USA. Neben Getreidefeldern lassen sich dort auch prima Mais- und Sojaäcker bestaunen. Dazwischen kommt ein Besuch in einer der zahlreichen Gotteshäuser als kleine Auflockerung gerade recht. Das Abendessen nimmt man dann idealerweise in einem der ebenfalls unzähligen *Fastfood*-Restaurants ein, wie übrigens das Frühstück und Mittagessen auch. Lokales Kunsthandwerk bietet sich als beliebtes Mitbringsel für die Verwandtschaft zu Hause an. In den zwar nicht so zahlreichen, aber dennoch üppig sortierten Souvenirläden finden sich neben handgeschnitzten Maiskolben auch süße Puppen in regionaler Kapuzentracht oder Miliztarnanzügen mit NRA-Logo und natürlich die berühmten Ku-Klux-Uhren.

Dann noch ein Artikel über Ferien auf Balkonien und der Luxusversion davon, Schrebergartien, und das wär's dann auch schon gewesen. Wer sich das alles auch nicht leisten kann, dem bleibt immer noch Fenstersimsien oder sich weiterhin mit lahmen Reisemagazinen, wie diesem, einzudecken.

Den Stapel Zeitschriften weiter nach etwas Lesbarem durchstöbernd, fällt mir unverhofft eins dieser Jugendmagazine in die Hände. Hand! Hätte ich zwei, ich würde applaudieren. Aber ich kann nicht. Das ist traurig. Mit meinem Kummer bin ich allein auf weiter Flur; nicht einmal an den lieben Gott darf ich mich wenden, weil ich nicht vorschriftsgemäß beten kann. Zum Glück bin ich Atheist. Das Titelbild füllt (oder eben nicht) ein dünnes, dümmlich drein-schauendes Milchgesicht mit nacktem Oberkörper, das entweder in irgend so einer hippen *boyband* singt oder auf dem Bahnhofsstrich anschaffen geht. Es hat sich nichts verändert an dem Blatt außer den Bands samt Stilrichtungen. Sowie dem schlechten Geschmack (der alte schlechte Geschmack ist einem neuen schlechten Geschmack gewichen).

Sogar die putzigen Frageecken für Doktorspiele gibt es noch. Wie hieß der doch früher gleich noch, irgendwas mit Jahreszeiten, Dr. Lenz oder so. Da schreibt also der Jochen (16): Er habe seit acht Monaten eine Freundin, und am Anfang wäre alles wunderschön gewesen, und sie hätten ganz toll Liebe gemacht. Da sieht man mal wieder, dass die Leserbriefe allesamt erstunken und erlogen sind. Kein *Teenie* von heute macht wunderschön Liebe. Die vögeln sich doch schon mit 12 die Seele aus dem Leib! Auf jeden Fall lässt die Freundin den armen Jochen nun schon seit über einem Monat nicht mehr ran und fasst ihn höchstens noch an, um ihm die Mitesser am Rücken zu entfernen. Tja, Jochen, da haben wir aber ein ganz schönes Problem! Wenn dir nicht bald ein Pickel am Schwanz wächst, sieht es echt übel aus mit deinem Sexleben. Nun denn, da bleibt ihm ja immer noch Onanieren. Oder Petting.

Petting, auch ein tolles Wort. Ich bin mir bis heute nicht hundertprozentig sicher, was genau ich mir darunter vorzustellen habe. Tönt irgendwie nach Sex mit Haustieren.

Also, dann wollen wir doch mal telefonieren gehen, meinen scharfen Currykäfer anrufen. Noch rasch einen letzten doppelten Espresso, um mir etwas Mut anzutrinken, und dann ab nach Hause, die Nummer, IHRE Nummer, DIE

Nummer, ZUR Nummer wählen! Es tutet und tutet, aber mein klebriges Basmatibonbon geht nicht ran. Wie vom Speichelsauger verschluckt, das Kind! Da gehe ich eben allein ins Kino!

Nur schon, damit ich weiß, was so auf einen zukommen kann und auch, um mein karamellisiertes Tigerschnäuzlein später mit etwas Insiderwissen beeindrucken zu können. *Bollywoodbasics* – das braucht es heutzutage einfach. Ist ja auch im Westen zurzeit voll in Mode. Vor Kurzem stand es in der Zeitung: Europäische *Indipendent*-Regisseure würden demnächst Versionen alter indischer Kultfilme abdrehen (das wären dann sogenannte *Hindy* Filme). Umgekehrt wagen sich indische Starregisseure, bekannt bis in den hintersten Hindukusch und keinen Zentimeter weiter, auch an westliche Klassiker. Wenn der Bolly mit der Holly. Zuerst müssen wohl die *Musicals* im Stile „Singing in the rain" und „Küss mich Kate" dranglauben. Ich sehe schon die Titel prangern: „I'm singing – then it rains" und „Fick mich Fakir". Das Musikgenre einmal abgehakt, geht's ans Eingemachte: Aus dem letzten Tango in Paris wird der letzte Bolero in Bombay (oder doch der letzte Mambo in Mumbai?). Einfach flugs die Butter durch *Ghee* ersetzt, dann läuft die Sache wie geschmiert. Auch berühmte Kriminalfilme müssen wohl herhalten; ich sage nur: „Tod auf dem Ganges". Hercules Poirots kniffligster Fall. Tausende von Toten und kein Mörder weit und breit. Was kommt dann? Sultan Kong? Wir werden es erfahren.

Mit einer Dose Cashewnüsse aus der Vorratskammer mache ich mich auf den Weg. Der gute Hacki wohnt nicht weit vom Kino. Da mir noch einiges an Zeit bleibt, schaue ich doch kurz mal, auf eine Cola, bei ihm vorbei.

Bei Hacki

Die Kamera summt, die Türe surrt, und zu meinem Erstaunen empfängt mich oben ein kleines pickliges Etwas. *Bad idea.*

Glatt vergessen: Heute ist Sonntag, und wie jeden Sonntag trifft sich bei ihm eine Bande von Computerfreaks. Die labern dann so in Programmiersprache über *bits* und *bytes*, protzen mit der Größe ihrer Joysticks oder was auch immer.

Wenn mein Freund schon recht schräg ist, dann sind seine sechs Kumpels hier krass horizontal drauf. Mindestens! So richtige *nerds* eben, die Tag und Nacht am Bildschirm kleben und sich von klebrigen Pizzen und Colas ernähren, die sie natürlich per Internet bestellen. Durchs Datenband sind sie käsebleich und spindeldürr. Außer einem, der ist so fett, dass selbst Moby Dick vor Neid erblasst. Wie der mit seinen Wurstfingern überhaupt auf der Tastatur rumtippen kann, ist mir ein Rätsel. Der braucht statt einer Maus, eher eine Ratte, und dort, wo andere eine Harddisk haben, hat der eine Fressplatte.

Aber eben, allen eigen ist diese ungesunde Gesichtsfarbe; entsprechend nenne ich sie nur

„die chlorbleichen Sieben". Erwartungsgemäß beginnen die Cyberfreaks nach kurzem Willkommensgruß auch gleich wieder mit ihrem Fachgesimpel, und keine halbe Cola später will ich da raus. Dann schon lieber in gar keiner als solcher Gesellschaft; mit denen würde ich nicht mal chatten, wenn ich denn chatten würde.

Dann haben die alle noch so ausgewiefte *nicknames* wie „Netcasanova", „Hard-Diks", „Cyberknight", „Firewallcracker" oder „Floppy-champ". Nicht besonders treffend die Namen, wenn man die ganze Truppe kennt. „Internerd", „Lapflop", „Kräckerhacker" und „Linklecker" wären da angebrachter. Einzig dem Dicken sein Pseudonym passt auf ideale Weise: „Mega-Bite". Man braucht ihm nur einmal dabei zuzusehen, wie er eine Familienpizza mit Extrakäse in zwei, drei Happen verschlingt, und der Name macht mehr als Sinn. Gut, er könnte sich von mir aus auch „Virenwanst", „E-Mehlsack" oder „Worldwideleberwurst" nennen.

Ich war mir gar nicht bewusst, wie viele Fachwörter aus dem Computerjargon ich kenne. Oh Schreck! Die wenigen Minuten mit dem Gesindel haben bereits Spuren hinterlassen! Heute Abend dusche ich mit Antivirus und schluck drei Pentiums vor dem Schlafengehen!

Die andere Hälfte Cola flugs im Hals verschwinden lassen, kurz noch Hacki Tschüß sagen und den anderen weiterhin ein schönes Leben wüschen, und ich bin frei.

Im Kino

Das alte Stadtkino ist, wie der Name schon sagt, alt und in der Stadt. Früher war das mal ein Theater hier, daran erinnert immer noch ein verschnörkelter Balkon, der zentrale Gang, welcher den Saal in zwei Hälften teilt, und der fette rote Samtvorhang, der nun, statt den Kulissen, die Leinwand birgt. Ganze drei Stunden dauert der Streifen. Das schaffe ich! Augen auf und durch!

Im muffigen Saal quetsche ich mich in den letzten Sitz einer leeren Reihe, gleich neben der Wand (um notfalls sanft den Kopf an die Tapete legen zu können, ein kleines Nickerchen machend). Außer ein paar bebrillten Filmfreaks haben sich doch tatsächlich einige Inder eingefunden.

Der Vorhang geht auf, das Licht geht aus, der Film beginnt, und dann passiert es: Nichts! Der Plot ist klassisch einfach und kurz erklärt: Schnauzbärtiger Sandokanverschnitt, aus guter Kaste, mit mächtig was auf dem Kasten, verliebt sich in ein bildhübsches Ding, das aber leider aus einer der untersten Schubladen kommt. Das wär's! Und nach einer guten halben Stunde fangen die an, zu singen.

Harte Kost habe ich Bollyjungfrau mir da fürs erste Mal ausgesucht. Gut, dass ich an Verpflegung gedacht habe! Ganz auf meine Nüsse konzentriert, bemerke ich das Pärchen, das sich in meine Reihe setzt, fast nicht. Die Glücklichen haben den Anfang verpasst. Frisch verliebt, die Zwei, so wie sie tuscheln, kichern und sich gegenseitig mit Popcorn füttern. Sieh an, der Bursche ist ein Inder. Die sind so richtig am miteinander Hindukuscheln! Das Mädchen kommt mir auch echt indisch vor. Indisch und bekannt!

Gerade, als sich eine erneute Gesangseinlage ins Crescendo emporschraubt, fällt meine eh schon etwas getrübte Stimmung ins Bodenlose: Fünf Sessel neben mir sitzt das Objekt meiner indischen Begierde, meine geröstete Nougatnixe, mein kandierter Pflaumenpfau, meine kaffeebraune Marzipanschnecke, Fräulein Rai!

Vor Schreck verschlucke ich eine Cashewnuss, muss husten und laufe blau an. Wäre es nicht so düster hier drin, man hätte mich mit Krishna verwechselt. Mein zuckriger Zimtfalter, mit so einem rüden, großen, breitschultrigen Affen. Was die bloß an dem findet? Vielleicht ist es ja ihr jüngerer Bruder, mit dem sie die Wohnung teilt. Bei denen soll ja Körperkontakt und so voll normal sein, die halbe Familie pennt da in einem Bett. Der schaut aber mindestens zehn Jahre älter aus als sie. Eventuell ein Onkel? Ich fürchte, nein! Das ist ihr Kerl! Das arme Kind weiß wohl nicht, dass es in Indien üblich ist, dass, wenn der Mann stirbt, die Frau bei der Kremation gleich mit geröstet wird. So als Beigabe. Ein flotter Grabputz eben. Da sparen die Verwandten bestimmt kräftig Kohle. Ja, wenn es ums Einäschern geht, fackeln die lieben Inder nicht lange. Zweifelsohne ist es ein Guru, der sie hörig gemacht hat. Oder so ein spitzer Fakir, der sie bloß durchnageln will. Und ich hatte gedacht, sie wäre ein anständiges Mädchen, das nicht schon beim ersten *Date* aufs Nagelbrett geht.

Ach, du heiliger Kuhfladen: Jetzt fangen die auch noch an, zu knutschen! Und das, liebe Kinder, war die Geschichte, wie aus meiner Zuckerzwetschge eine Dörrpflaume wurde. So ein treuloses Biest! Einen erst aufgeilen im knappen Schwesterndress samt farbigen Aphrodisiaka-Pillen im Gurgelwasser und dann kaltschnäuzig sitzen lassen. Fünf Sessel nebenan.

Ich verkrieche mich, so gut es nur geht, in meinem Sitz und bereite mich auf zwei Stunden Psychoterror vor: Schnulziges vor und Schmatzendes neben mir. Wenn ich das durchstehe, gehe ich nie wieder ins Kino! Und auch nie mehr zum Zahnarzt!

Im Café

Ich habe es überlebt. Und da sitze ich. Im erstbesten Café. Den der Lust gefolgten Frust mit Espresso runterspülend. Die Kaffeemaschine gurgelt; das ist Muzak in meinen Ohren. Sie zischt, und ich weiß: Alles wird gut!

Eine grausame Welt ist das, in der wir leben. Heute lasse ich mich volllaufen! Bis zum Umfallen! Und gleich noch einen dreifachen Espresso bitteschön! Dunkles durchströmt mich: Schwarze Gedanken durchstreifen den Kopf, schwarzer Kaffee gluckst durchs Gedärm. Pechschwarzes Pech habe ich da gehabt! Aber diese Lektion wäre gelernt. Indien? Nein danke! Bis zur Currywurst und keinen Schritt weiter!

Koffeintrunken mache ich mich auf den Heimweg, schaue aber vorher noch auf einen letzten Rachenputzer bei Achmed vorbei und check grad mal eben noch meine elektronische Post. Der Mokka ist gut, wie immer, meine Mailbox voll mit den üblichen Pastetenmails von meinen englischen Freunden. Was wäre mein Leben ohne potenzsteigernde Pillen und Pimmelsauger?

Da eine Nachricht, nein, gleich zwei, vom Verlagsheini, und mir wird ganz anders. Das erste Schreiben ist schon ganze drei Tage alt. Diese modernen E-Mails sind mir ja eine Schneckenpost sondergleichen. Hätte er doch lieber einen hundsnormalen Brief geschrieben.

Sei es drum, Nr. 2 wäre bereits im Netz, so ganz ohne Papier eben. Mir ist nun ganz anders. Er sei überzeugt, dass es sich nicht schlecht verkaufen ließe, denn er habe ein gutes Gefühl, wenn er an mich denke. Immer noch derselbe geile Gnom. Und von wegen „nicht schlecht"! Ich habe doch da keinen *Notbadseller* geschrieben. Das ist mindestens ein *Good-*, wenn nicht ein *Betterseller*! Er werde sich wieder melden, und wie es denn mit dem Schreiben so laufe? Mir war ganz anders. Schreiben? Was ist das? Kommt mir bekannt vor. Habe irgendwann mal ein Buch darüber gelesen.

Ein gutes Gefühl hat er also, und bei mir brodelt es in den Gedärmen, was sich eigentlich auch nicht schlecht anfühlt. Schreiben! Ich packe es wieder an! Gleich morgen. Nein! Noch heute! Nr. 4 ist aber weniger im Stil von Nr. 2. Wenn ich dem Sägeblatt wieder etwas unterjubeln will, darf das nicht so eine gewaltige soziologische Sozialstudie sein wie Nr. 4. Das muss mehr gewalttätig sein als gewaltig. Ich muss da was völlig Neues bringen. Etwas wie eine Fortsetzung von Nr. 2 und doch nicht Nr. 3, weil Nr. 3 zwar schon gewalttätig ist, aber eben mehr so krude Gewalt (Nr. 3 ist eine Wild-West-Geschichte, die zum Kriminalroman wird, sich in der Mitte in eine futuristische Science-Fiction-*Story* verwandelt, gegen Schluss in ein Liebesdrama abdriftet und in einem wüsten, gewaltverherrlichenden Blutbad im Vatikan endet). Da gibt es nichts: Nr. 5 muss her!

Ich sehe schon den Titel und rieche förmlich den Inhalt: irgendwas mit Strandlatschen. Ein Fischotter kommt auch darin vor. Ein besonders gewalttätiger Fischotter. Es wird ein männlicher Roman, der die Frauen antörnt und bei den Herren wehmütige Erinnerungen an die guten, alten Zeiten hervorruft, als sie alle noch Jäger waren und die Weiber nach Herzenslust ficken konnten. Damals, als dieses Aids-Zeugs noch nicht erfunden war. So etwas Hemmungsloses à la Hemingway wird es. Ich sag nur: der junge Mann und der See. Ein Boot, eine Forelle und ein grausamer Fischotter, der dem armen Fischer den Fang abjagt. Jetzt fängt der Ernest des Lebens an! Da lass ich mir doch glatt einen Bart wachsen, kaufe mir ein Moleskine Notizbuch, esse nur noch Oxtailsuppen oder Stierhoden und verbringe meine nächsten gefährlichen Sommerferien Kleinvieh und Großwild jagend in Pamplona. Und im Winter ab über die grünen Hügel Afrikas zum Skifahren auf dem Kilimandscharo! Denen werde ich es zeigen!

Denn wem die Stunde schlägt, der hört die Glocken bimmeln. Dann fange ich auch noch an, zu saufen wie ein Pferd. Das ist mein sternhagelvoller Ernest! Rumhuren und strengen Mundgeruch kriege ich auch noch auf die Reihe.

Der Bestseller ist mir sicher. Gleich heute noch fange ich mit dem Schreiben an! Okay, morgen! Ich lasse mir das Sägeblatt'sche Schriftstück ausdrucken, als Trophäe, zum Einrahmen, und auch gleich noch das Zweite, ungelesenerweise. Bestimmt ist es des Lobes voll, gespickt mit einigen seiner üblichen Sauereien.

Zu Hause

Ich kann nicht schlafen, und es liegt nicht an den anderthalb Litern Espresso, die ich intus habe. Auch nicht an Fräulein Rai, der treulosen Metze. Die Schuld haben weder die unerwartete E-Mail noch mein neues Buchprojekt. Es liegt einzig und allein daran, dass da ein Telefon unaufhörlich klingelt. Einfach nervtötend, dieses Gebimmel. Tönt fast so wie meines, aber mich ruft um diese Zeit niemals jemand an. Ist schlicht unmöglich. Da bin ich mir hundert pro sicher. Garantiert! Geht gar nicht! Und dennoch. Meins ist's!

Der Hacki ist dran, in Tränen aufgelöst. Die Julia sei ihm davon gerollt. Aus, vorbei! Ewige Liebe hätten sie sich geschworen, und die Ewigkeit hat bis heute Nacht um halb elf gedauert. Per E-Mail habe sie ihm mitgeteilt, dass sie jetzt einen anderen habe. Sie hätten doch bald heiraten wollen, aber er habe sich geziert, weil er sich auf einmal nicht mehr so sicher war, und die Julia habe doch einen Mann von Tat gewollt, und dann hätte sie sich halt einen entschlosseneren Typen geangelt, der wisse, was er wolle, und das sei furchtbar, und alles sei seine Schuld (wessen jetzt?), und überhaupt habe das Leben jetzt gar keinen Sinn mehr. „Hat es das denn je gehabt?" Das habe ich gesagt, ein paar aufmunternde Worte in so einer Situation tun immer gut (und zum Glück bin ich einer der ganz mitfühlenden Sorte)!

Er heult jetzt wie ein Schlosshund mit eingeklemmtem Schwanz. Jetzt braucht es etwas besonders Einfühlsames: Er werde bestimmt eine andere finden. Das Heulen hört schlagartig auf, Würggeräusche folgen. Mit Freunden wie mir, wer braucht da schon Frau und Familie?

Er habe versucht, Sie per E-Mail, SMS, Chat, Telefon etc. zu kontaktieren, aber sie melde sich einfach nicht. Bei einem letzten verzweifelten Versuch, sie mit dem Heli zu lokalisieren, sei ihm auch noch dieser flöten gegangen (der klebt jetzt an irgendeiner Hauswand). Ob er denn nicht mal persönlich vorbeischauen wolle, weit kann sie ja nicht gekommen sein (ihr Rollstuhl schafft gerade mal 7 km/h). Schweigen am anderen Ende der Leitung.

Der Traum vom Sinn des Lebens

Nichts ist mehr so, wie es vorher war, denn heute Nacht hatte ich einen Traum. Ich träumte, ich hätte zwei Hände. Zwei linke Hände! Und mit beiden konnte ich gleichzeitig schreiben. Die Bleistifte tanzten förmlich auf dem Papier, und in nur wenigen Minuten füllte ich dutzende Blätter mit den vorzüglichsten Geschichten, die ich jemals geschrieben hatte.

Mit der rechten Linken schrieb ich vom Leben meiner Freunde, meiner Bekannten, aller lieben Mitmenschen aus meinem Umfeld. Alle kamen sie darin vor. Mit der ganz Linken schrieb ich über mich, meine Vergangenheit, die Zukunft, von meinen Wünschen und Hoffnungen. Eben noch gab die Rechte meiner zwei linken Hände die Romanze von Hacki und seiner Julia wieder, wie sie sich versöhnt hatten und gemeinsam drei Kinder zeugten (via Internet) und wie die Kleinen in ihren Rollstühlen umherrasten (sie waren alle drei in Rollstühlen zur Welt gekommen). Und glücklich waren sie!

Dann begann auch schon eine neue wunderbare Geschichte, wie Stoff, unser Stoff, der immer gesagt hat, er möchte in seinem nächsten Leben ein Drogenspürhund sein, wie er also sportlich, fit, erst mit rosiger, dann braungebrannter, straffer Haut und ganz ohne rote Augen, irgendwelchen gesunden Betätigungen nachging. Er lief, spielte Tennis, stemmte Gewichte, hüpfte Seil – und das alles gleichzeitig.

Wie er so rannte und lachte, tauchte Fred auf und behauptete, der Phillips hätte soeben einen Brand gelöscht. Einfach ausgepinkelt. Alle um ihn herum bestaunten das wunderbare Tier. Also ich würde ihm sogar zutrauen, ein Feuer auszugeifern.

Axel stand auch in der staunenden Menge, mit einem Riesenirokesenschnitt auf dem Kopf und einem fast so großen Hamburger in seiner Hand. Er habe seinen *Self-Made-Burger* patentieren lassen und sein eigenes Fastfood-Luxusrestaurant gegründet. Was für eine Kombination! Warum da bloß keiner früher draufgekommen war? Und wie er so dastand, holte er gleich dutzende Burger aus seiner Jacke und verteilte diese an die jubelnde Menge. Selbst Philips, der Feuerwehrhund, bekam einen.

Auch der grüne Karl mit seiner Heike durfte nicht fehlen. Beide bissen sie genüsslich in einen von Axels Hamburgern. Karl meinte nur: „Die sind Bio!", während Heike gleich vier, fünf

Stück in ihre Handtasche stopfte. „Für die Kinder", sagte sie, „und als werdende Mutter brauche ich viele Vitamine!" Erst jetzt bemerkte ich ihren dicken Bauch. Schon wieder schwanger!

Im nächsten Kapitel stieß auch noch Anke dazu; sie sei jetzt Präsidentin der ÖBA's (die öffentlich bekennenden Alkoholiker – nicht zu verwechseln mit den feigen Säuen der Anonymen) und habe ferner ihre Memoiren „Trinkgewohnheiten eines feuchtfröhlichen Fräuleins" zu Papier gebracht, welche schon seit Wochen die Belletristik-Verkaufsliste anführen würden. Ein Sachbuch „999 Trinksprüche für 1001 Nacht" sei in Arbeit, und sie wäre echt total glücklich. Die ganze Menge war es. Alle tanzten, ja sogar Fräulein Rai war mit von der Partie, legte einen flotten indischen Bauchtanz aufs Parkett. Sie sagte noch, sie sei eigentlich Rumänin und ob ich denn wüsste, dass die Zigeuner aus Indien kämen.

Ich ergab mich dem Sog der Masse, ließ mich mitziehen und fing selbst zu tanzen und zu singen an. Alles war gut! Die ganze Welt war ein wunderschöner Ort, und an allen Supermarktkassen saß ein Fräulein Messner.

Gleichzeitig beendete ich beide Bücher, setze die Bleistifte ab und schaute auf meine zwei Meisterwerke hinab. Ein Stapel, den ich mit der rechten, linken Hand beschrieben hatte, türmte sich in die Höhe, beschrieben bis aufs letzte Blatt. Zu meinem Erstaunen war der linke Stoß Papier weiß und leer. Mein ganzes bisheriges Leben hatte ich in diese Seiten gepackt, samt allen Wünschen an die Zukunft, und nichts war davon übrig geblieben. Nichts! Da wachte ich auf. Jetzt bin ich wach.

Ich habe mich geirrt: Die Welt ist nicht schlecht sowie die meisten Leute auch nicht. Es ist nicht das Geld, das den Globus regiert; die Menschen, die für Bares ihre Körper verkaufen, die stehlen, töten, gebären, sterben und erben, sprunghaft zur Seite springen, heiraten, scheiden und wieder heiraten. die machen das nur scheinbar für Kohle. Nein, die machen das ... aus Liebe! Aus Liebe zum Geld! Liebe verleiht Flügel, *love is all you need*! Das lässt doch alles in einem anderen Licht erscheinen; das gibt allem eine neue Qualität.

Der mürrische Nachbar, aus dessen Wohnung es immer so übel nach Katzenurin riecht und den niemand richtig leiden kann. ist er von ganzem Herzen miesepetrig und ist Miezenpisse sein Chanel Nr. 5, dann macht er genau das, wozu er hier ist und erfüllt somit seinen Lebenszweck. Der ständig besoffene Trinker, der Frau samt Kinder nicht gerade mit Samthandschuhen anfasst; wenn es seiner Natur entspricht, sein innerstes Wesen darstellt, dann hat er den Sinn des Lebens entdeckt. Schizophrener Babyrobbenjäger mit Ödipus-komplex und Veranlagung zum Bettnässen, der gerne nachts im Park, nur mit selbst gestrickten lila Wollsocken bekleidet, übergewichtige Frauen um die 50 belästigt? Dito! Geradezu ein Prunkstück von Paradebeispiel, Letzterer. Ist das nicht wunderbar?!

Das Leben ist ein Kaninchenbau, und wir alle sind die Rammler, Hasenfüße, Playboyhäschen, verrückten Märzhasen, freund-lichen Harveys, düsteren Donnies, Hazels, Fivers und Bigwigs, die darin rumkriechen. Wir glauben uns alle als kleine Alice im blauen Wunderland und sind doch nur weiße Karnickel in ständiger Zeitnot. Als unscheinbare Pelzknäuel hoppeln wir von einer Ecke in die andere und merken erst gegen Schluss, dass Schluss ist. Wie trockene Erde rinnt uns das Leben durch die kleinen, pelzigen Pfoten.

Das Ganze ist doch relativ einfach und müsste eigentlich auch in ein so kleines Hasenhirn wie das unsere passen. Man muss nur etwas von sich überzeugt sein, positiv denken, seine Natur kennen und das tun, was einem gut tut. Hier und jetzt und nicht morgen! Jeder hat eine lebenslange Chance dazu. Und wer sie verspielt, hat ausgespielt. Aus, vorbei, einerlei! Der göttliche Weidmann ist nur so darauf versessen, dir ein Loch in den Pelz zu brennen, denn dein Name ist Hase, und die ganze Welt ist dein Feind, und wenn sie dich kriegen, dann töten sie dich..., aber erst müssen sie dich kriegen!

Sicher erfüllt nicht jeder seinen Lebenszweck; aber sicher ist nichts wirklich und vorbestimmt schon gar nicht. Das Leben ist so gerecht, wie es sich einer macht. Es ist alles da, man braucht es sich nur nicht zu nehmen. Je weniger, je besser, und aus eins mach zwei! All das viele Zeug braucht es eh nicht, um glücklich zu leben und zu sterben.

Ich begnüge mich zum Beispiel mit einem Blatt Papier, einem Bleistift und einer Tasse Kaffee (Okay, einer Kanne Kaffee!). Und dann vielleicht noch ein hübsches Ding, um den Rest des Lebens zusammen verbringen zu können, aber das wär's dann auch schon.

Wie sagt man so schön: Es gibt drei Dinge, die ein Mann im Leben machen sollte: 1. ein Buch schreiben; das wäre in meinem Fall ja wohl mehr als erledigt!

Bleibt vielleicht noch ergänzend zu erwähnen, dass, gemäss der zweiten E-Mail vom Verlagsheini, Nr. 2 der absolute Ladenhüter sei und sich etwa so gut verkaufen ließe wie Kaltwachshaarentferner auf dem Planet der Affen. Nett!

Nehmen wir also Punkt 1 wieder auf die Liste: 1. ein Buch schreiben. 2. einen Baum pflanzen. Das überlasse ich mal besser den Jungs und Mädels von Greenpeace, denn die sind ja für das da. Ich kann den Biokids doch nicht ihren Lebenszweck nehmen, oder?! Was war doch noch gleich das Dritte? Irgendwas mit Geschlechtsverkehr. Genau, Kinder kriegen – damit liegt man immer richtig; ist sozusagen ein Dauerlebenszweck – *it never fails*. Es liegt der Menschheit sozusagen in den guten, alten Genen. Da kommt keiner drum herum, der nicht gegen göttliche Gesetze verstoßen will, und, jetzt mal ehrlich, wer will mit *dem* schon Ärger haben?

Ist bestimmt eh schon genug sauer auf uns, wenn der so sieht, was bzw. wie wir es hier auf Erden so treiben. Aus der göttlichen Vereinigung sich ergänzender Prinzipien mit dem daraus entstehenden Geschenk des Lebens wurde simples Ficken. Banaler Beischlaf! Eine bloße Schlacht der Körperflüssigkeiten. Und Masturbieren ist dem lieben Gott jetzt wohl sicher auch ein Dorn im Auge, von Analverkehr ganz zu schweigen (bleibt für alle Homos, die mit dem Paradies liebäugeln, zu hoffen, dass er das nicht so *eng* sieht). 3. Kinder kriegen also. Wo soll noch gleich dieser Baum gepflanzt werden?

Und in der Zwischenzeit, was mache ich da? Eben das, wofür ich da bin. Meinen höchstpersönlichen Lebenszweck erfüllen! Das tun, was ich am besten kann: nichts! Und wie es eben so ist, vergeht die Zeit furchtbar schnell, wenn man nichts tut.

Sollte ich, wider Erwarten, im hohen Greisenalter, kurz bevor ich meinen Leib den Würmern zum Frass vorwerfe, auf mein Erdendasein zurückblicken, und sehen, dass da nichts ist, um darauf zurückzublicken, sollten mich dann, zu später Lebensstunde, also doch noch Selbstzweifel, Wehmut und antwortlose Fragen quälen, so habe ich dennoch mein Leben gelebt. Und überhaupt: Wer die Fragen nicht beantwortet, hat schließlich die Prüfung bestanden.

Ein letzter Espresso, *one for the road!* Tschüß Welt und *hello heaven*! Bleibt zu hoffen, dass der liebe Gott kein Teetrinker ist.

Ende